新 潮 文 庫

黒のトリビア

新潮社 事件取材班

新 潮 社 版

7319

目次

事件編　7
警察編　53
鑑識編　117
刑罰編　171

黒のトリビア

事件編

日本には
三年間で百人、
レイプした男がいる

平成十二（二〇〇〇）年、宮城県仙台市内において、わいせつ絡《がら》みの被害届けが相次いだ。**犯行現場**は市内全域にわたり、時間帯は昼過ぎから夕方まで、しかも被害者は小学生を中心に幼女ばかりだった。「一緒に猫を探して」などとやさしく声をかけられ、アパートの階段踊り場等に連れ込まれていた。被害者たちの証言から逮捕されたのは二十五歳のT。中国人コックと日本人の母親との間に生まれた無職の男だった。「百人」というのはT本人が供述した数字であり、捜査当局はそれ以上の被害者が存在するとみている。この手の犯罪は世間の目もあって、**泣き寝入り**する被害者が数え切れないからだ。仙台地裁の判決はわいせつ事案の最高刑、無期懲役であった。Tは即刻控訴《こうそ》している。

※強制わいせつの量刑は「六月以上七年以下の懲役」、強姦《ごうかん》は「二年以上の有期懲役」だが、強姦致傷が「無期又は三年以上の懲役」。

日本には
十六年間で二百人以上、
殺した女がいる

日本の大量殺人といえば、横溝正史の小説「八つ墓村」のモデルとなった岡山の**「津山三十人殺し」**（昭和十三年）がまず有名であるが、明治から大正にかけて、さらに上をいく女がいた。当時の日本は満足に子を育てられない環境にある人も多く、「貰《もら》い子《ご》」の慣習も各地に残っていた。愛知県に住むその女は実親から渡される養育費に目をつけ、人づてに私生児を集めた。といっても育てる気など端《はな》から無いから、貰う度に殺していた。餓死、圧殺、絞殺《こうさつ》、踏殺《とうさつ》、生き埋めなどの理由で**死んだ子**は、二百人超。逮捕当時の報道では「身の毛もよだつ鬼婆」（「大阪毎日新聞」大正二年六月）と、連日のように書き立てられた。この時、女は四十五歳。後に警察は十人以上の周旋担当、証拠隠滅担当等も逮捕、貰い子殺し一味の存在が明らかになった。

※アメリカには三百六十人殺しの、ヘンリー・ルーカスという男がいる。

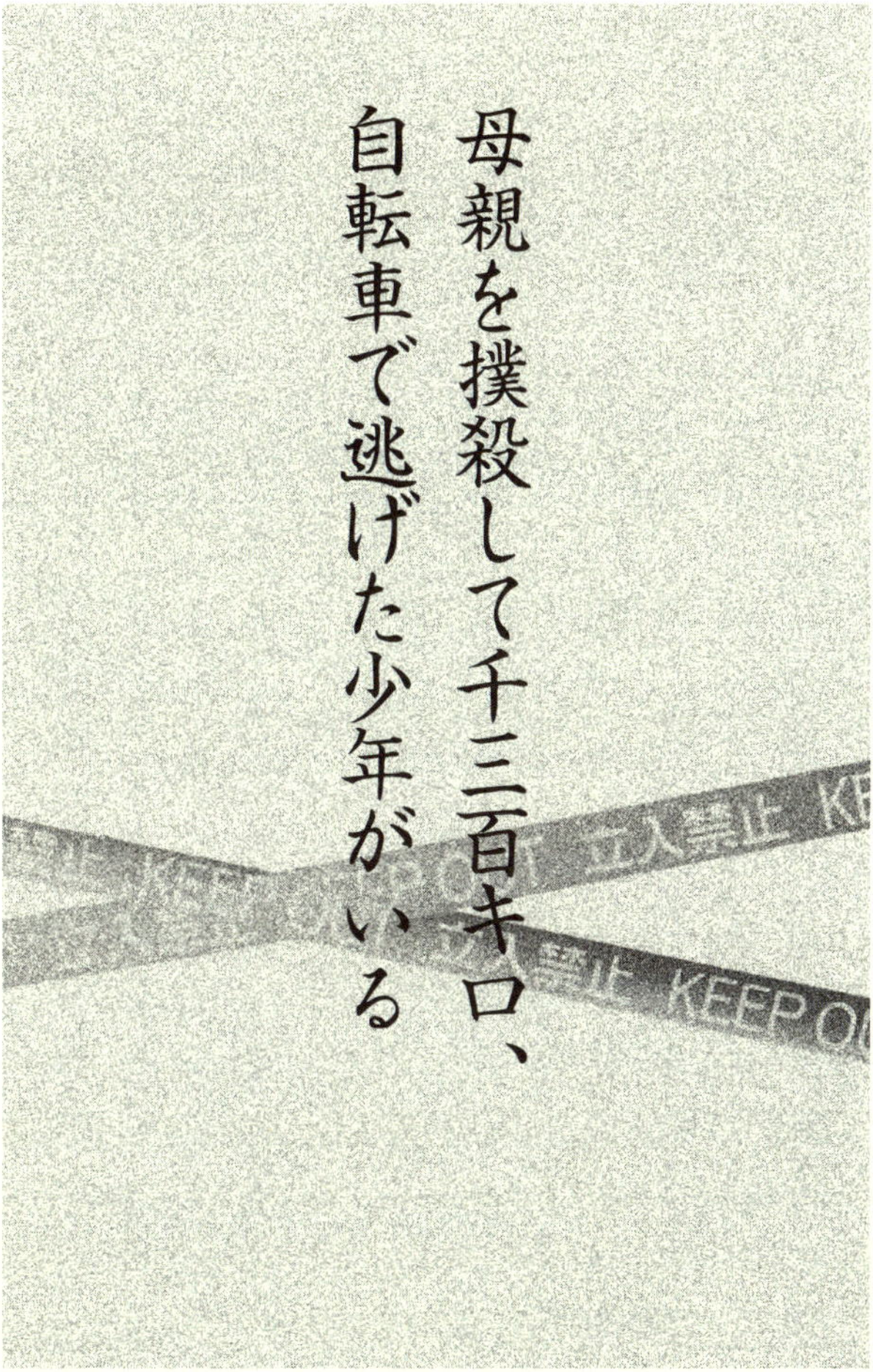

母親を撲殺して千三百キロ、
自転車で逃げた少年がいる

平成十二年の夏、岡山郊外の町で高校三年の少年が、自宅で四十二歳の母親を殴り死亡させた。凶器は**金属バット**。少年はこの直前にも校内で後輩四人に殴りかかり、重軽傷を負わせていた。少年は自宅から自転車に乗り逃走。後に判明したところでは、京都から日本海に抜け、福井、富山、新潟と進んだという。事件から十五日後、通報により逮捕された時、少年は秋田の国道で北上を続けていた。

※平成十三年施行《せこう》の**改正少年法**では、十四歳以上の少年に対して刑罰を科すことが可能になった。それまでは十六歳以上。刑法で罰することが出来ないと明記されているのは十四歳未満。改正により、年齢に関しては刑法との整合性がようやく計られた。

※未成年者は少年法により、実名、顔写真等を報道されない。しかし、**逆送致**され裁判が開かれれば、傍聴に来た一般の人の前で顔を晒《さら》すことになる。世の中では匿名《とくめい》のままなのに、である。

百人以上の女を、
海外に売り飛ばした
主婦がいる

時は大正。主犯格の女は四十六歳。四十九歳の男と組み、**若い女性**ばかりを誘拐していた。女性たちは海外に売られ、東南アジアのイギリス領などで働かされていた。「其の手に罹《かか》りて海外に誘拐され泣々醜業《しゅうぎょう》を營み居る婦人百餘名に上りたる」(「報知新聞」大正二年七月)。醜業とは売春のこと。関西方面で物色中のところを逮捕されている。「京阪地方に於て既に其の毒手に罹れるもの數十人ありし」(同)。

※東京およびその近郊で**少年**ばかり約五十人をさらい、地方に売っていた男たちもいる。「駿州方面の漁師、百姓、行李《こうり》職人等に一人十圓乃至《ないし》廿五圓にて賣渡《うりわた》」されていた(「報知新聞」大正七年八月)。

広島には五ヶ月間にわたり
売春婦ばかりを殺した、
タクシー運転手がいる

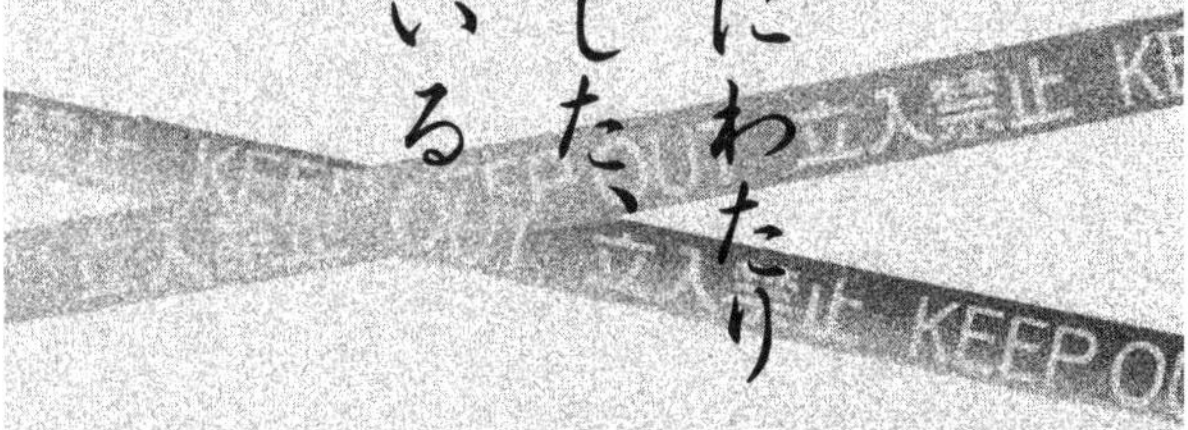

古来より、殺人と性とは切り離せない。快楽殺人もそのひとつ。事件は平成八年の広島。三十四歳のタクシー運転手Hは市内の歓楽街でナンパした女子高生を**絞殺**、その後、立て続けに三人を殺している。しかも第二、第三、第四の殺人は晩夏から初秋にかけての、わずか一ヶ月間の凶行だった。十六歳から四十五歳までと被害者の年齢に開きがあり職業も異なるが、いずれも売春目的の女たちで行為の前後にタクシー内で絞殺されている。凶器は締めていたネクタイ、乗務時間中の犯行であった。H自身法廷で、殺人に快楽を感じた旨《むね》、供述した。地裁判決は死刑、Hは控訴することなく刑は確定している。
※事件からしばらくの間、若い「**立ちんぼ**」は公園に立つことを控え、もっぱら馴染み客と携帯電話で連絡を取り合った。

走行中の新幹線
「のぞみ」車内で、
殺人事件があった

ＪＲが誇る新幹線「のぞみ」の運転開始は平成四年三月。当時最新だった３００系車両は**時速二百七十キロ**、それまでの「丸い鼻」が無くなった先頭車両の斬新なデザインもまた、売りであった。事件があったのはその高速走行中のグリーン車客席。平成五年八月の月曜日夜、博多発東京行き上り「のぞみ24号」内でのことだった。被害者は四十歳のサラリーマン。大阪出張からの帰りだった。同僚と話をしており、それを咎《とが》めた男にしばらくしてから**刺殺**された。凶器は刃渡り三十センチのナイフだった。二十七歳の男は覚醒剤中毒。パニックに陥った乗客を前に、車内をふらふらと移動。臨時停車後、待機していた警察官に逮捕された。

※覚醒剤中毒になると、幻聴、幻視、妄想などが続くようになる。たとえ使用を中止してもその症状が突然、再発することがある。**再現現象**、いわゆるフラッシュバック。

※覚醒剤は以前は「ヒロポン」といった。第二次大戦中、軍隊や軍需工場で戦闘力や生産力を上げるために使われた。

二ヶ月半の間
決まった曜日に、
律儀に
放火していた男がいる

昭和五十一（一九七六）年冬、東京・新宿では放火が相次いだ。新聞紙などにライターで着火する手口で火力も弱く**人的被害**も出ていなかったが、住民を気味悪がらせたのは、決まって毎週、しかも日付が変わったばかりの火曜日深夜に事件が起きること。張り込みの末、警察官に逮捕されたのは三十一歳の理容師。定休日の月曜日に自宅のある世田谷から新宿まで飲みに行き、その後、犯行に及んでいた。十二週にわたり放火を続けていた。当時、**「火曜日の放火魔」**と騒がれた。
※警察では放火のことを「赤馬」という。

ガソリンで放火すると、自分も火傷を負う

ガソリンは火炎瓶にも使用されるほど危険な液体。揮発性が高く、撒《ま》いた先から気化していくから、引火した際は爆発を引き起こす。結果、近い距離で火を付ければ、その者も火傷《やけど》を負う可能性が非常に高い。部屋の中などは気体が充満するため、特に危ない。火焔《かえん》を吸い、気管もやられる。平成五年、東京の日野市で起きた**「不倫放火殺人」**では、犯人のＯＬが腕を火傷している。また昭和五十五年の「新宿西口バス放火事件」の犯人は運良く被災を免れているが、三十人の乗客のうち、六人が死亡（うち三人は座席で焼死）、十四人が重軽傷。前者は殺人と放火で**無期懲役**。後者も無期の判決だったが、後に刑務所内で自ら首を吊《つ》った。

※灯油は爆発しない。チョロチョロと、数センチしか炎が上がらない。
　灯油を被《かぶ》り自殺するのは苦しい。

男性器切断事件の第一号は、犯人が男だ

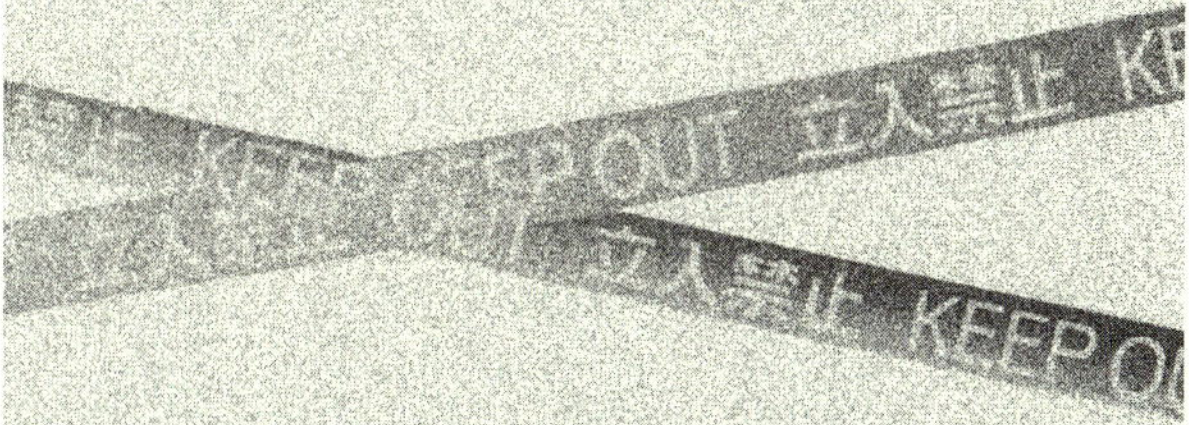

『事件・犯罪大事典』(東京法経学院出版)によれば、それは明治七(一八七四)年十月のことである。現場は広島県賀茂郡仁方村《にがた》(現・呉市《くれ》)、農家のN男がS男の亀頭《きとう》を**短刀**で切り落としたというものだった。S男が自分の妻Y子と情を通じていたという理由。N男はその証拠を摑《つか》むため、妹を囮《おとり》にし密会場所で待ち伏せ、現れたS男を縛り上げた上で凶行に及んだ。N男は八十日の懲役。一方、S男とY子は「姦通《かんつう》の罪」で懲役一年の判決を受けている。よく知られる**「阿部定事件」**の起きる六十二年前のことであった。

※「阿部定」は陰嚢《いんのう》も含め、根本から切っている。

人骨を薬として
売っていた男がいる

「人骨が万病の特効薬」という妄信が根強く存在した時代には、よくあった犯罪だが、これは昭和四十九年、広島県であった犯罪。六十六歳の男が人骨を粉末にして、売っていたというもの。骨は**火葬場**で盗んでいたと見られる。すり鉢で細かく擂《す》り潰《つぶ》され、小さなカプセルに詰められた商品は、実際に売買されていた。単価は五百円から千円だった。

※**死産児**の肉を焼いて粉末にしたものを売っていた男もいる（昭和三十一年、秋田）。こちらは紙に包み販売、十四服が売れた。

夫を煮込んで、
犬に食わせ続けた
主婦がいる

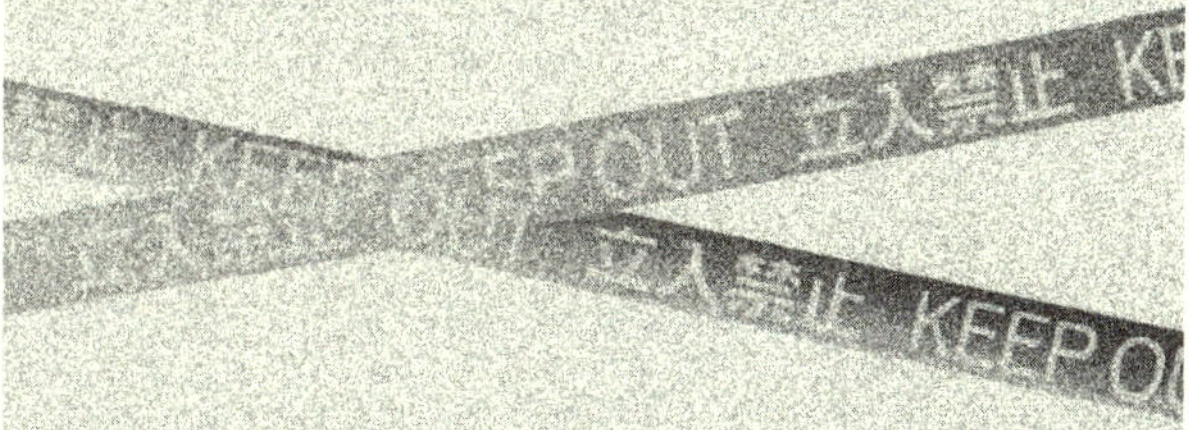

平成九年の夏の盛り、大阪府交野《かたの》市。悪臭騒ぎでマンションの一室から発見されたのは、男性のバラバラ死体だった。遺棄現場は浴室。肋《ろっ》骨《こつ》や骨盤などいくつかの部位が欠けた**白骨体**は五十二歳の男性のものだった。さらに台所の冷蔵庫の中や、鍋の中からも肉片が発見された。まもなく京都で逮捕されたのは被害者の妻、四十五歳。殺害後、二ヶ月あまり遺体と暮らした後、行方をくらませていた。この女の逮捕で残されたのは、一匹のシーズー犬。**遺体解体時**にも飼われており、その一部を餌《えさ》として食べさせられていたと見られる。女はこの十六年前、親戚の女性を殺害している。借金を断わられての犯行だった。懲役十三年、満期を待たずに出所し、その後、結婚相談所を通して男性とは知り合っていた。

※死体損壊は三年以下の懲役。

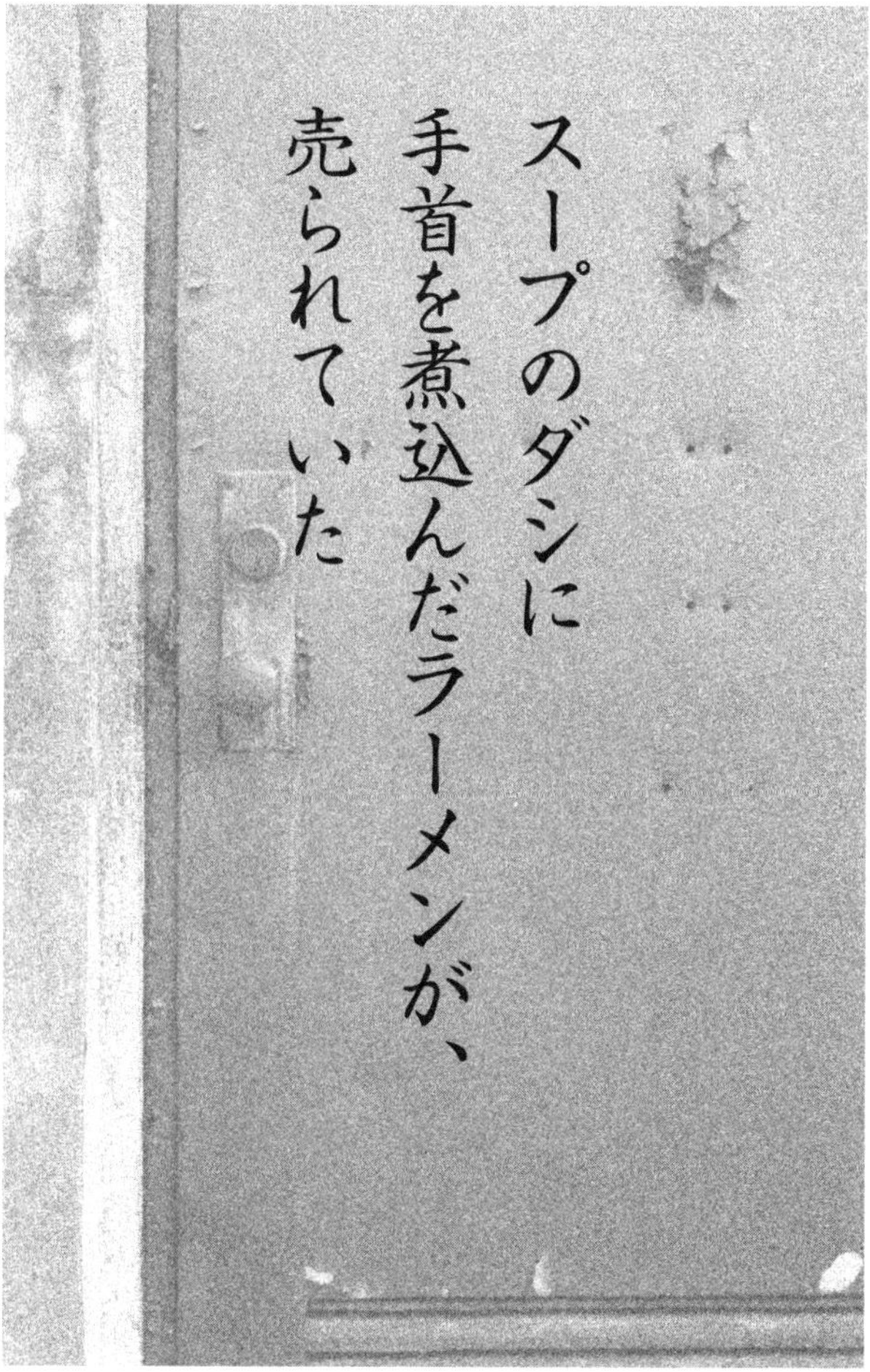

スープのダシに
手首を煮込んだラーメンが、
売られていた

騒動の発端は兵庫、岡山の山中で掘り起こされた男の死体。**バラバラ**にされていたのだが、手首だけがどちらの現場からも発見されなかった。被害者は暴力団幹部。内部抗争の上、殺害された。世間を驚愕させたのは、犯人グループの供述。切断した手首の処理法だった。傘下《さんか》の屋台ラーメン店で、鶏《とり》や豚のガラとともに鍋に放り入れ、そのまま煮込んだという。**指紋**から身元が判明するのを恐れてのことだった。この事件で世間はパニックに。疑惑の屋台が営業していた東京では問題は特に深刻で、食った食わないの騒動に発展した。昭和五十三年。

※この年、屋台のラーメン屋の売り上げが全国的に落ちた。

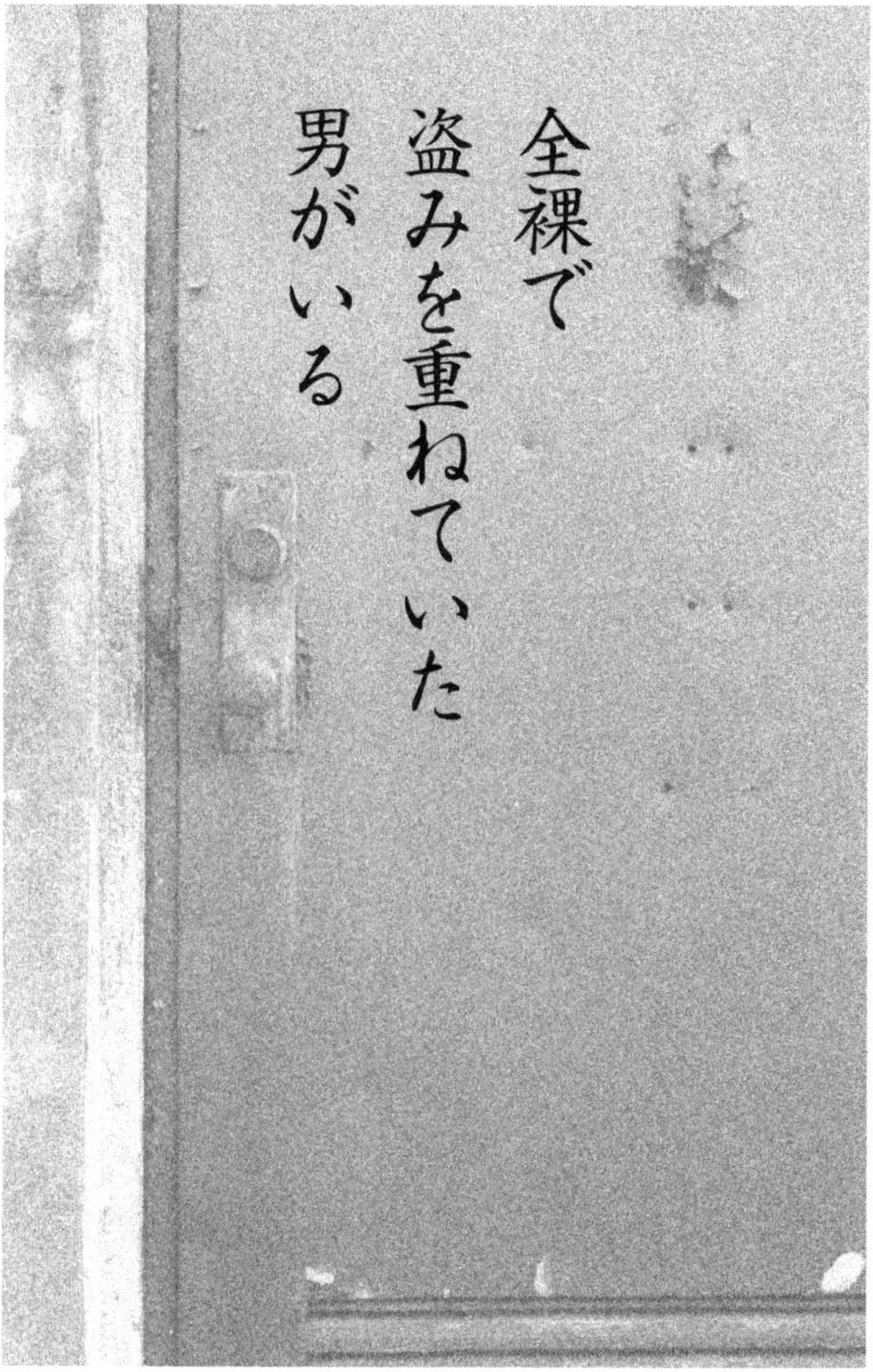

全裸で盗みを重ねていた男がいる

昭和五十年のこと。東京・八王子で、若い女性宅ばかりを狙った窃盗犯が出没した。犯行は深夜。気配に気付き、目が覚めた被害者たちからの証言でわかったのは、犯人は若い男で、金品を手にした後、女性の寝姿を見つめている、しかも全裸でということ。夜道を歩いていた目撃者の証言では、**逃亡**の際も全裸だったという。七年にわたり約二百件、同様の窃盗を重ねた後、逮捕された。

※当時、長崎にも同種の窃盗犯がいた。着衣がすべて盗品であるため、そこから足がつくのを恐れ、何も身につけず裸になって出かけていた。

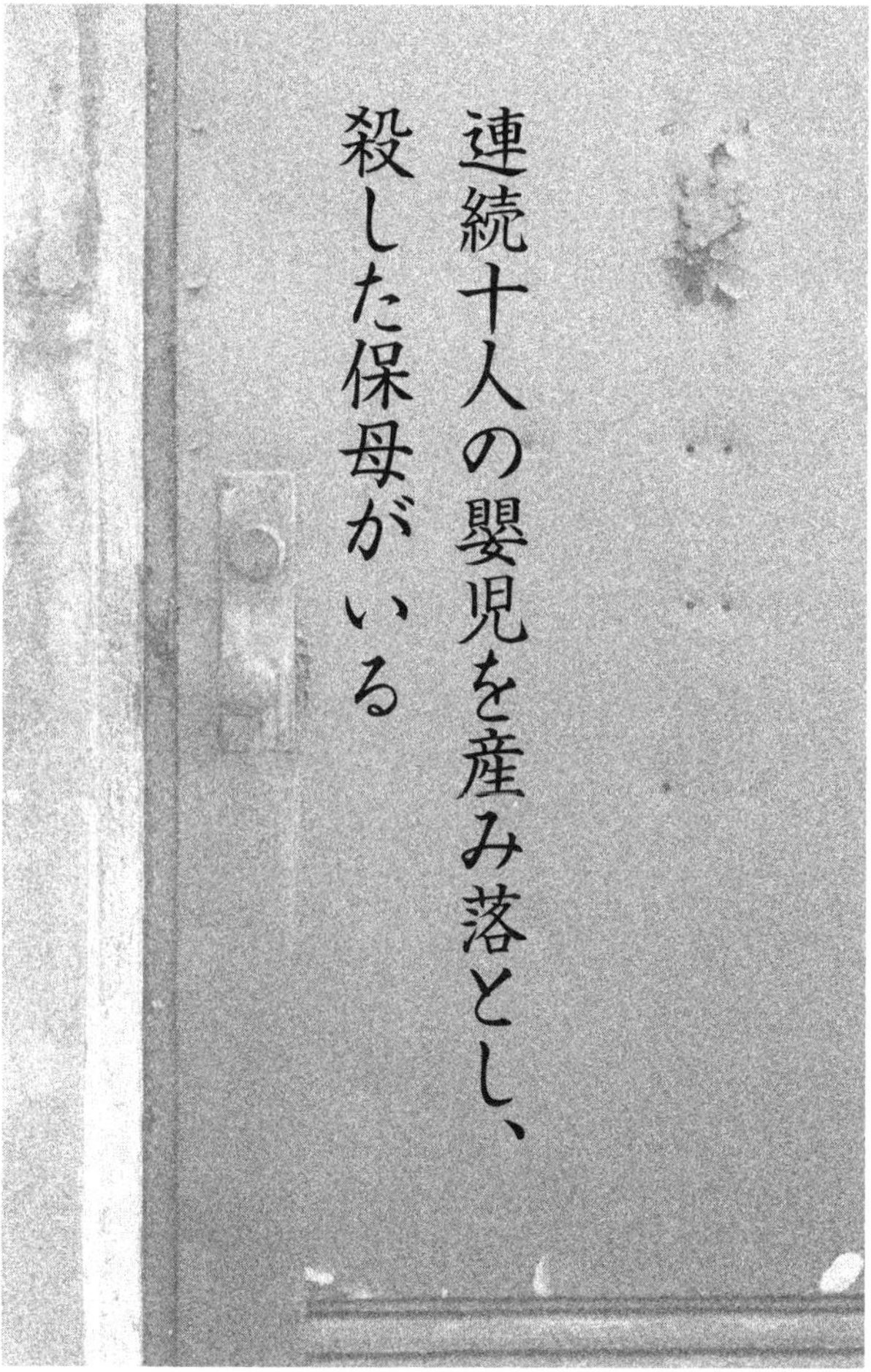
連続十人の嬰児を産み落とし、
殺した保母がいる

嬰児《えいじ》は年齢的に見れば、最も死亡率が高い人間といえる。体重が千グラム以下（通常は約三千グラム）であれば、生後四週間以内の死亡率は九〇パーセントといわれる。感染症、先天性奇形、出産時の事故等、死因はいくらもある。無事に生まれても抵抗することすら出来ないから、母親がその気になれば**即死**。放置しただけでも死亡する。平成七年、都内にある飲料メーカーの託児所から発見された嬰児死体は、いっぺんに八つ。押入れの中から見つかっている。母親は前年までそこに勤めていた、四十三歳の元保母だった。さらに自宅から二つ、十五年間に出産した子たちだった。夫と二十一歳、十九歳のふたりの娘が同居していた。このケースもそうだが、**「嬰児殺し」**はまわりが妊娠にすら気付かないことが多い。

※嬰児とは分娩《ぶんべん》直後の新生児のことを指すが、それを扱う職種により定義が分かれる。小児科では生後二十八日以内、産婦人科では生後十四日以内をいう。法医学では狭義で生後一日内外、広義では生後七日内外の新生児とされている。

※昭和四十年代後半には、コインロッカーが**遺棄場所**として流行《はや》った。

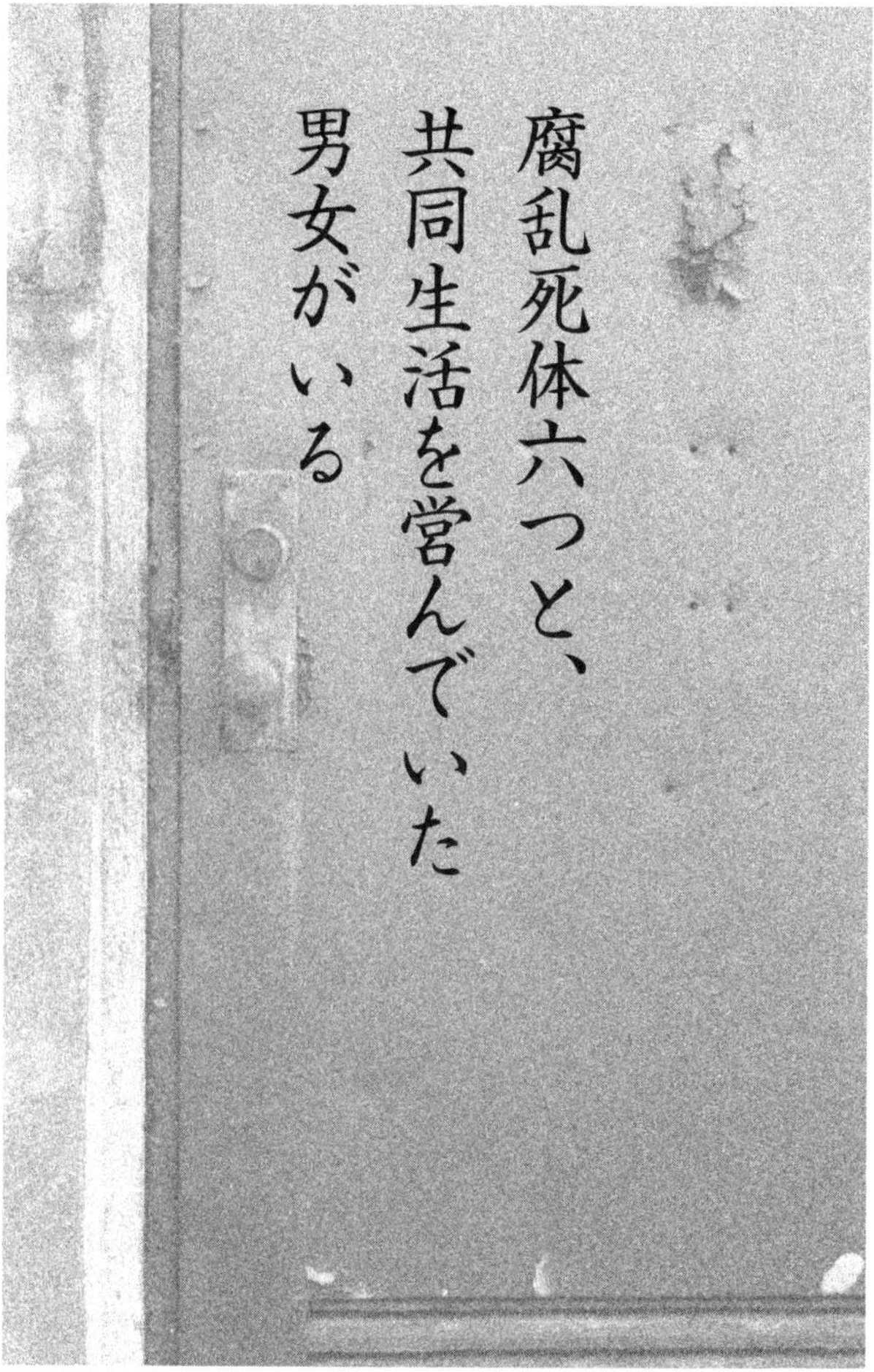
腐乱死体六つと、
共同生活を営んでいた
男女がいる

日本社会には古くから「拝み屋さん」と呼ばれる祈禱師《きとうし》がいる。地域によっては共同体の中で頼られる存在となっているが、時に**「悪霊払い」**による殺人事件へと歯車が狂う。平成七年七月、その家に踏み込んだ捜査員が見たものは、布団に寝かされた六つの死体。激しく腐乱し、流れ出した体液で布団や着衣は茶色に変色していた。一部ミイラ化した死体の中には、死後半年経《た》っていたものもあった。その場で逮捕されたのは、それらの死体と同居していた四人の男女。四十七歳の**女祈禱師**とその信者だった。祈禱と称し、太鼓のバチで何度も殴り、六人を死亡させていた。女祈禱師は捜査員に対し、「この人たちは眠っている。そのうち魂が戻ってきて生き返る」と説明している。福島県での事件。

※神奈川県では「殺害後、死体をバラバラにし塩で清める」という事件が起きている（昭和六十二年）。

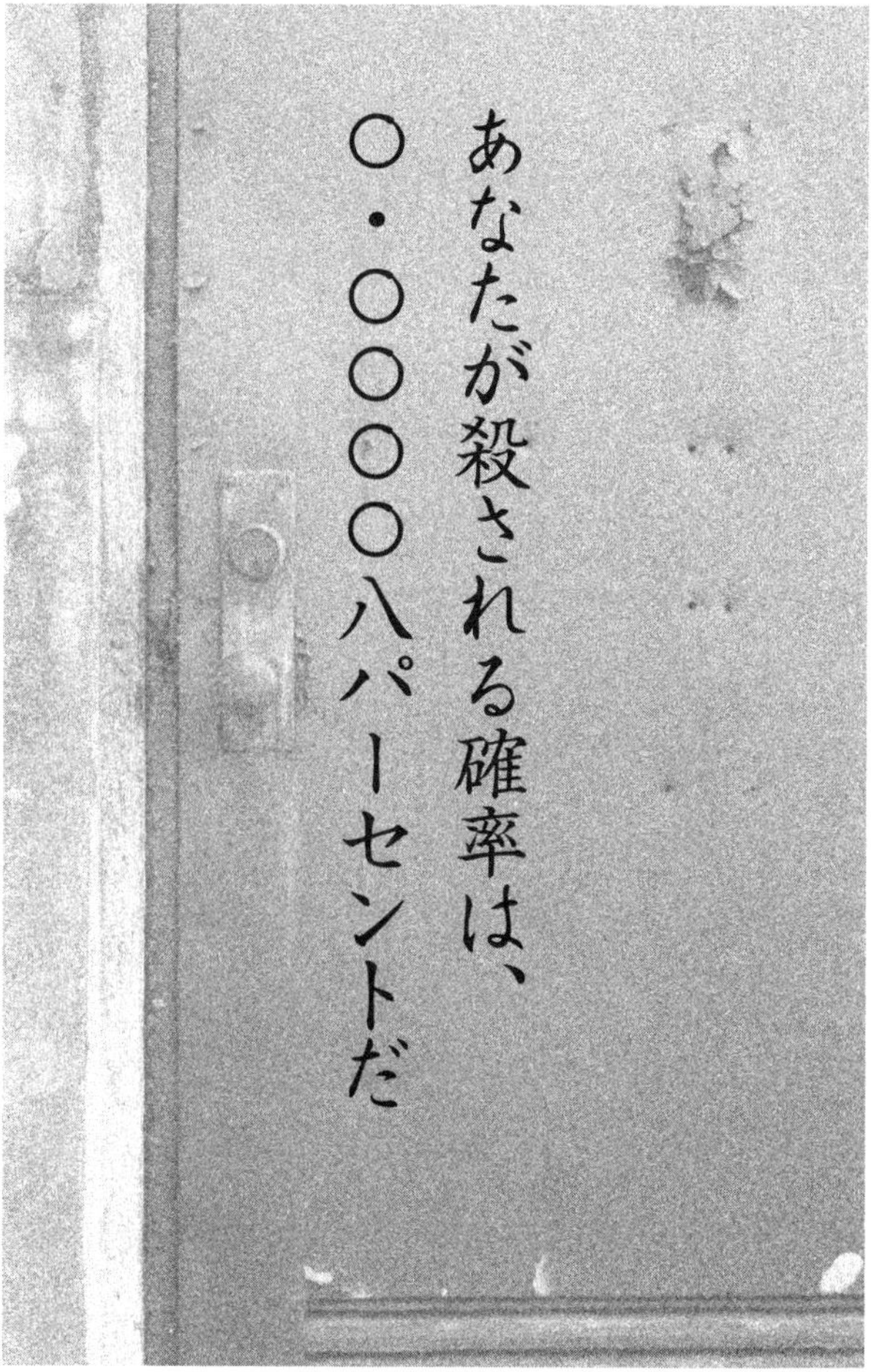
あなたが殺される確率は、
○・○○○○八パーセントだ

平成十三年の一年間に、何らかの被害にあって死亡した者の数（交通事故死八千七百四十七人を含む。殺人、強盗致死、傷害致死、放火、業務上過失致死等による死亡者は千四百四十人）を**人口総数**で割った数字。これは十万人に八人、一万二千三百人に一人の割合である。しかも殺人などの犯罪は概《おおむ》ね都市部で頻発する傾向にある。刑法犯総体で、東京、埼玉、千葉、神奈川、愛知、大阪、兵庫、福岡八都府県の合計が、全体の六割を占める。都市部では**被害者**になる確率が当然、高い。

※宝くじ（ドリームジャンボ）の一等二億円当選確率は、○・○○○○○○一パーセント。

※殺人に限ると、○・○○○一一パーセント。宝くじに当るより百十倍、確率が高い。

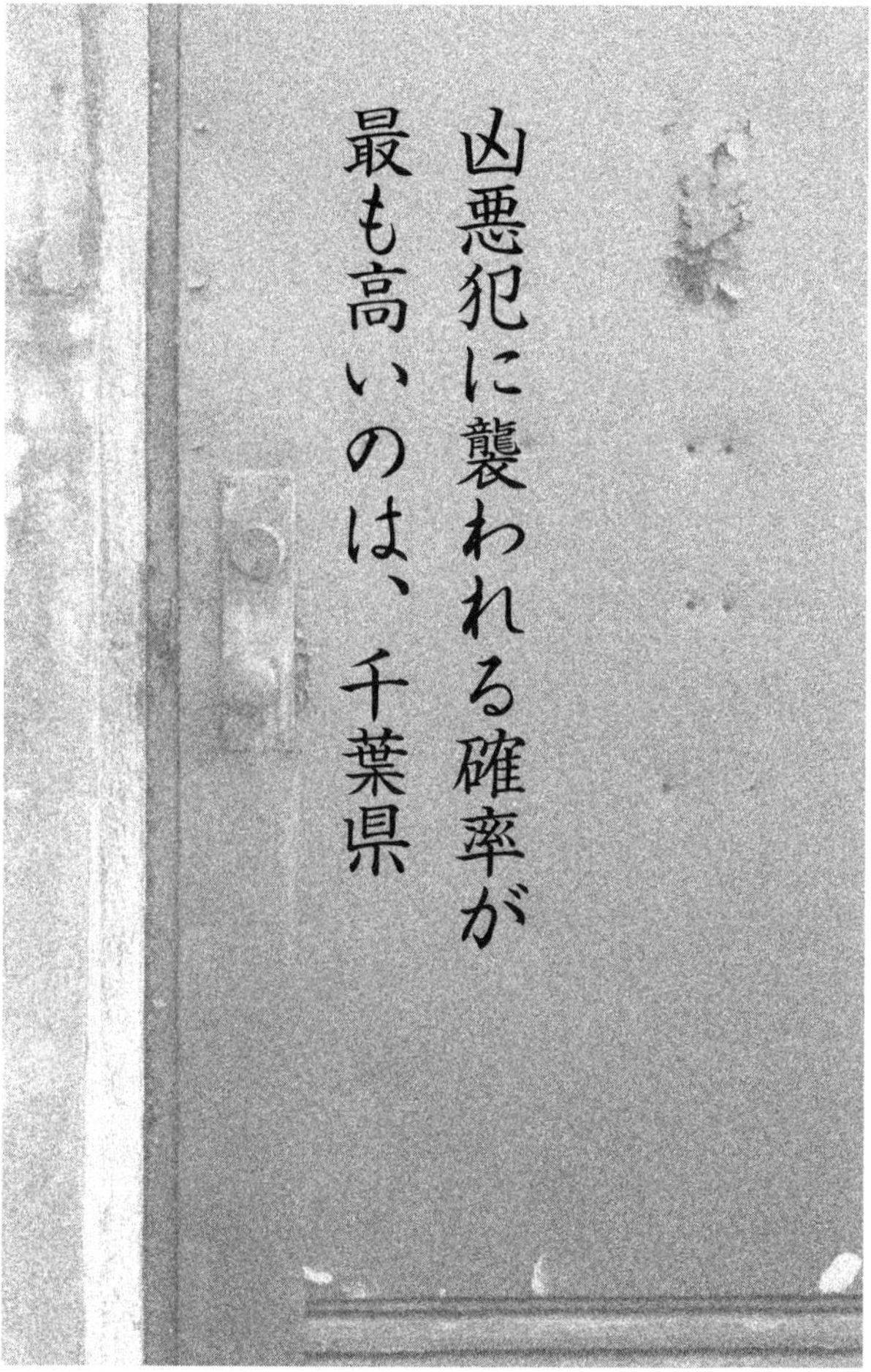

凶悪犯に襲われる確率が最も高いのは、千葉県

凶悪犯とは刑法犯の中で殺人、強盗、放火、強姦《ごうかん》を言う。各都道府県人口をその認知件数で割ると、地域ごとの犯罪に遭う確率がわかる。最も高いのは千葉県。およそ五千三百三十人に一人の確率で、千葉県民は**凶悪犯**に襲われる。次いで大阪府。五千八百五十人に一人の確率。以下、東京都（七千四百六十人に一人）、埼玉県（八千二百七十人に一人）、神奈川県（九千三百十人に一人）と都市部を抱える都府県が続く。その意味で、例外は茨城県。人口にして全国十一番目の県でありながら、九千三百三十人に一人と神奈川県と競っている。全国第六位。この確率は福岡県（第七位。九千五百七十人に一人）よりも高い。

※最も低いのは、二万六千八百三十人に一人の青森県。千葉県に暮らすのと、青森県に暮らすのでは、その**危険度**は五倍も違う。日本全体の平均は、一万六百六人に一人の確率。

※認知件数は被害者数ではない。被害者が複数の場合も軒並み、一件としての計算となる。

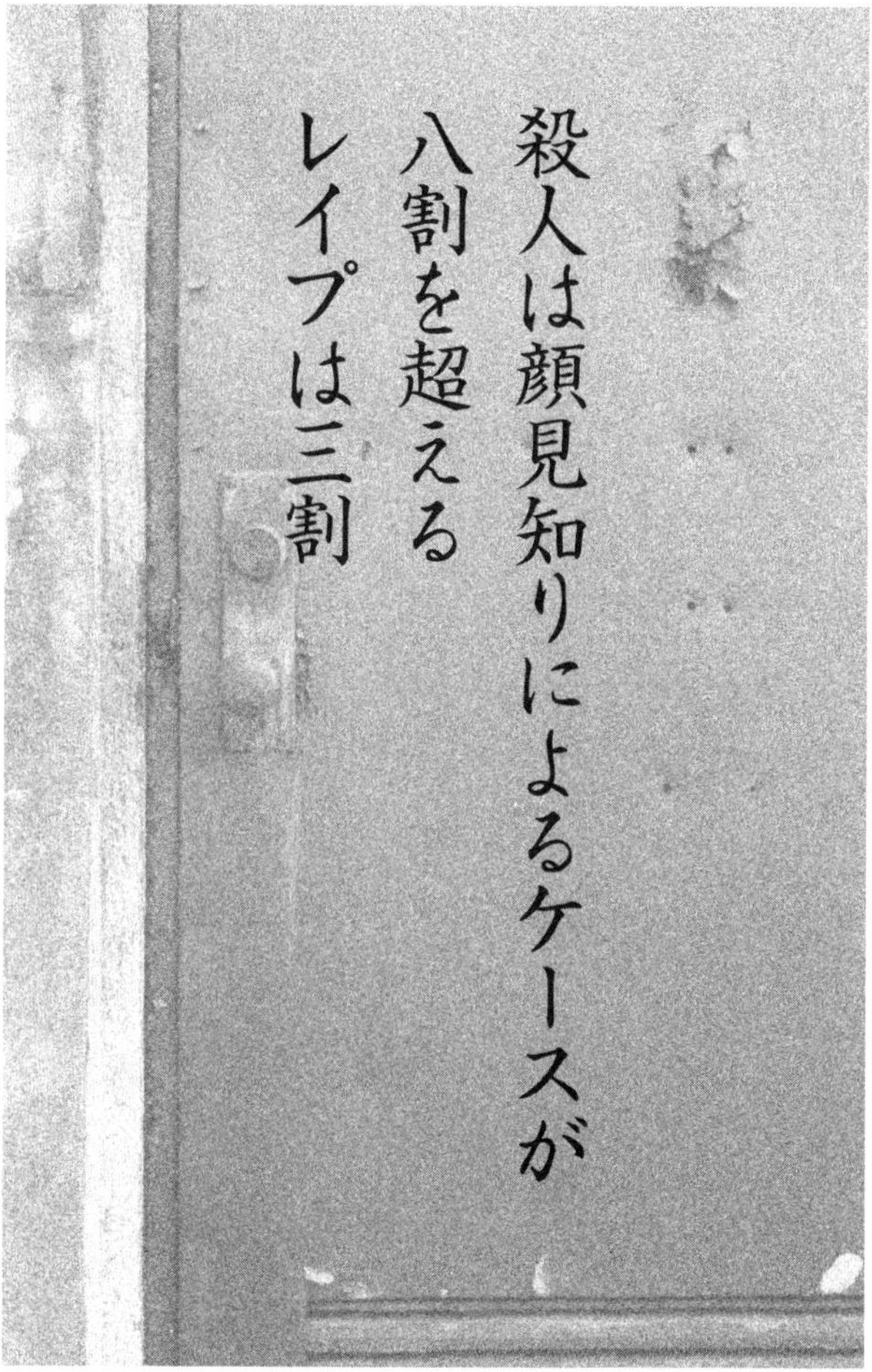

殺人は顔見知りによるケースが八割を超える　レイプは三割

殺人は被害者と犯人の間に**面識**がある率が最も高い凶悪犯罪。しかもその半数は親族等によるもの。次いで面識者の犯行の確率が高いのは傷害。五割強。一方、性犯罪は面識のない者が**標的**になることが多く、強制わいせつでは知り合いによる犯行は一四パーセント程度。ところが強姦は、顔見知りの犯行がその倍以上、三〇パーセントを超えている。

※放火も四割近くが知り合いによるもの。

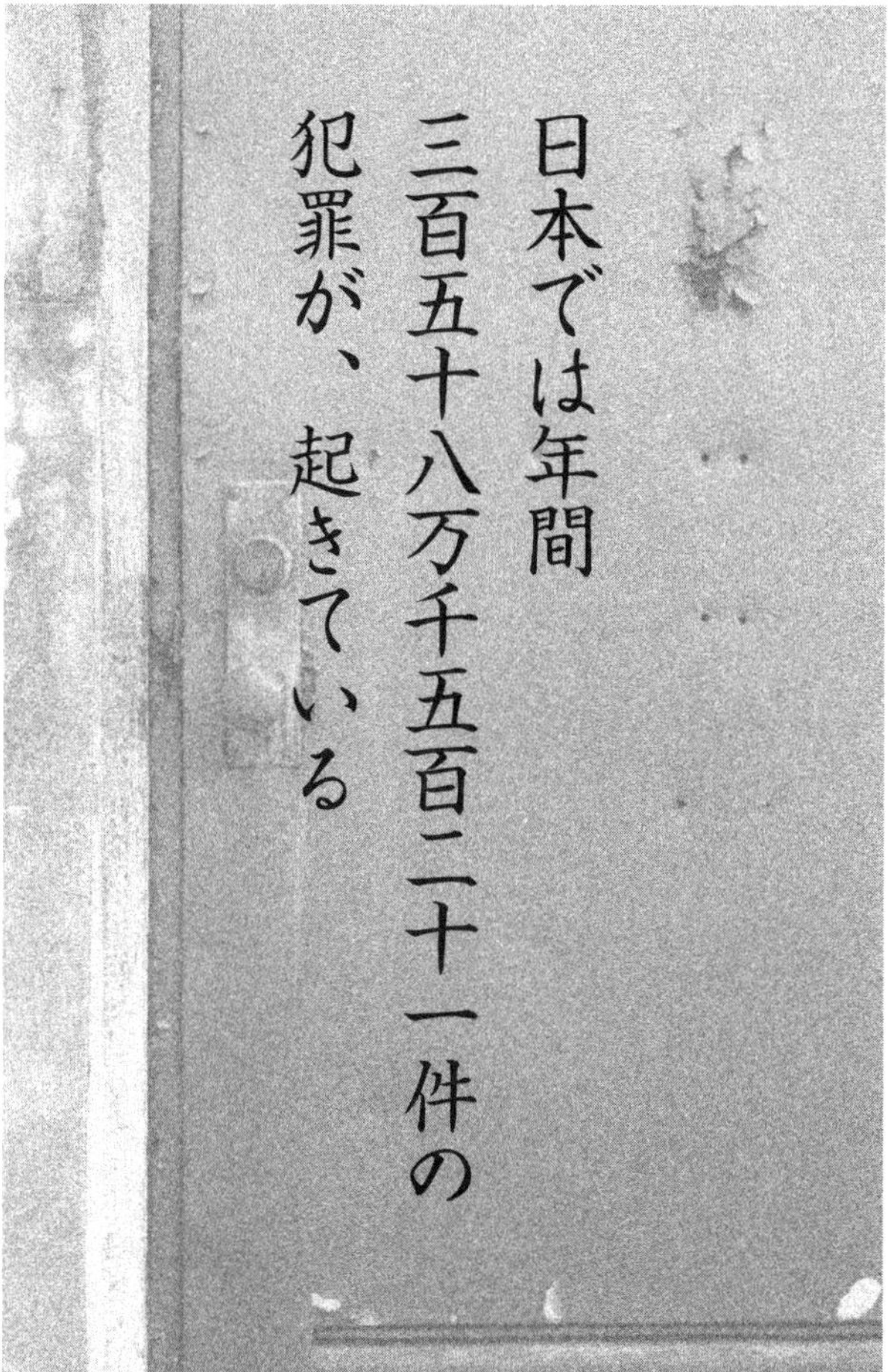
日本では年間
三百五十八万千五百二十一件の
犯罪が、起きている

日本の総人口に換算すると、三十五人に一人が犯罪に巻き込まれるという確率になる。同時に、三十五人に一人が犯罪を起こすという確率でもある。人口総数には幼児等も含まれている。そのため**加害者**となる後者の確率はこれより高くなる。二十歳以上八十歳未満に限れば、二十七人に一人が犯罪に手を染める**可能性**を持っているということ。
※刑法犯の認知件数は昭和五十年以降、多少の波はあるものの増加を続けている。特に平成八年からは著しく、平成十三年は対前年比一〇パーセント増。

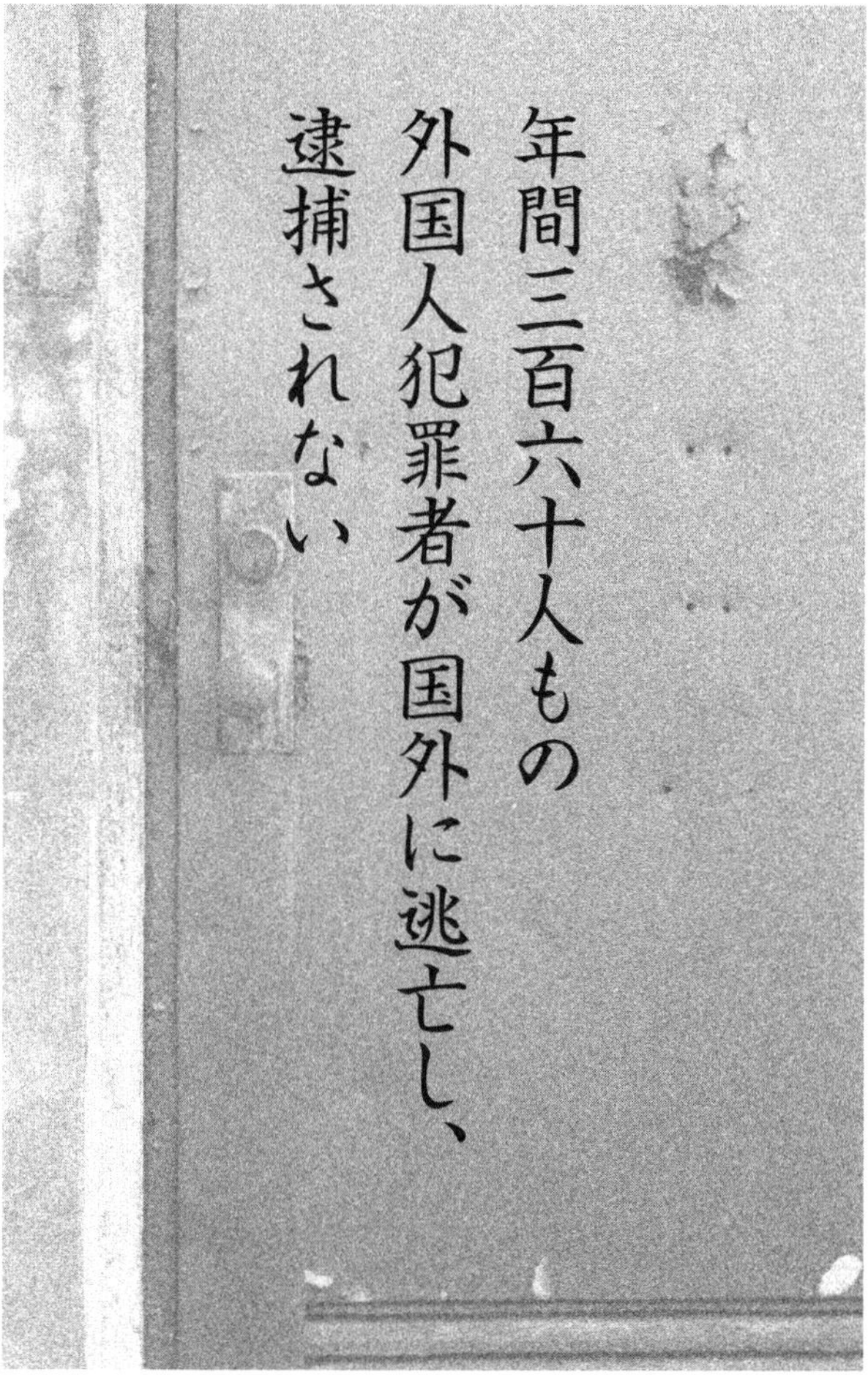
年間三百六十人もの
外国人犯罪者が国外に逃亡し、
逮捕されない

平成十三年の一年間で、日本国内における外国籍の刑法犯のうち五パーセントにあたる、三百五十九人が国外に**逃亡**している。中でも最も多いのは殺人、強盗、放火、強姦の凶悪犯。百四十四人。次いで窃盗犯の百三十六人。一方、海外で拘留され、日本に戻された外国籍犯罪者はこの十年間でたった五人。しかも日本の場合、「逃亡犯罪者引渡しに関する条約」が結ばれているのは、アメリカ及び韓国との間でだけ。これ以外の国は、たとえ犯罪者が確保されても、日本への引渡しの責を負わない。

※日本での外国人犯罪の総数は一万八千八百六十二人（検察庁新規受理人員）。国外逃亡犯二百七人を含む**中国籍**が最も多い。

※平成十三年、日本人で国外逃亡した者は百十七名。よって国外逃亡犯の合計は五百五十三名。当然、逮捕は困難。

日本の検挙率は、すでに二〇パーセントを切っている

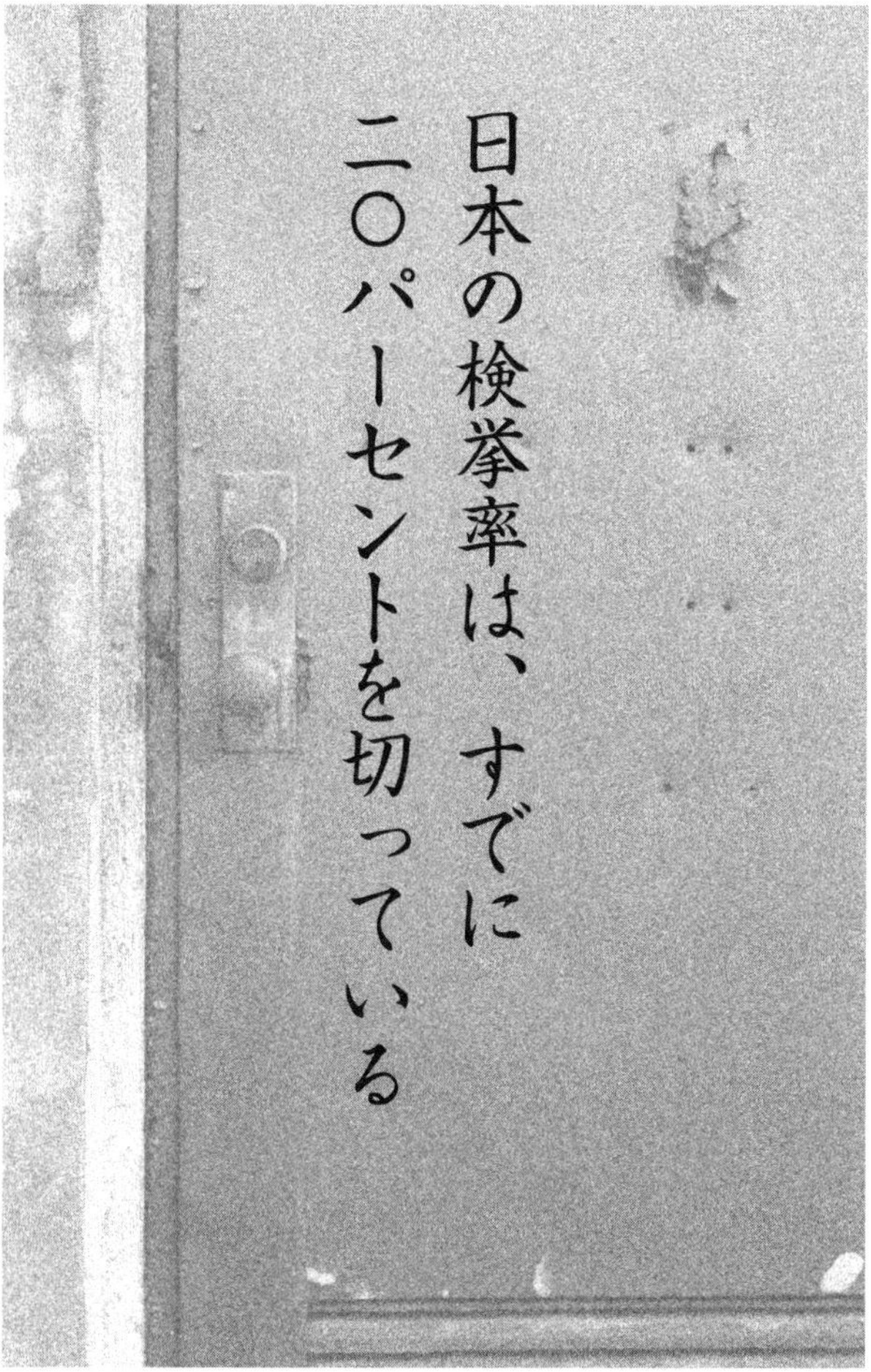

当局が誇る日本の治安だが、その**安全神話**はとうに崩壊している。かつて高比率を維持していた犯人検挙率は、平成元年に五〇パーセントを割って以来、ほぼ毎年下降を続けている。平成十三年にはついに二〇パーセント台から転落した。もっとも低い検挙率は、**器物損壊**の五パーセント。

※昭和二十八年には七〇パーセントの検挙率だった。

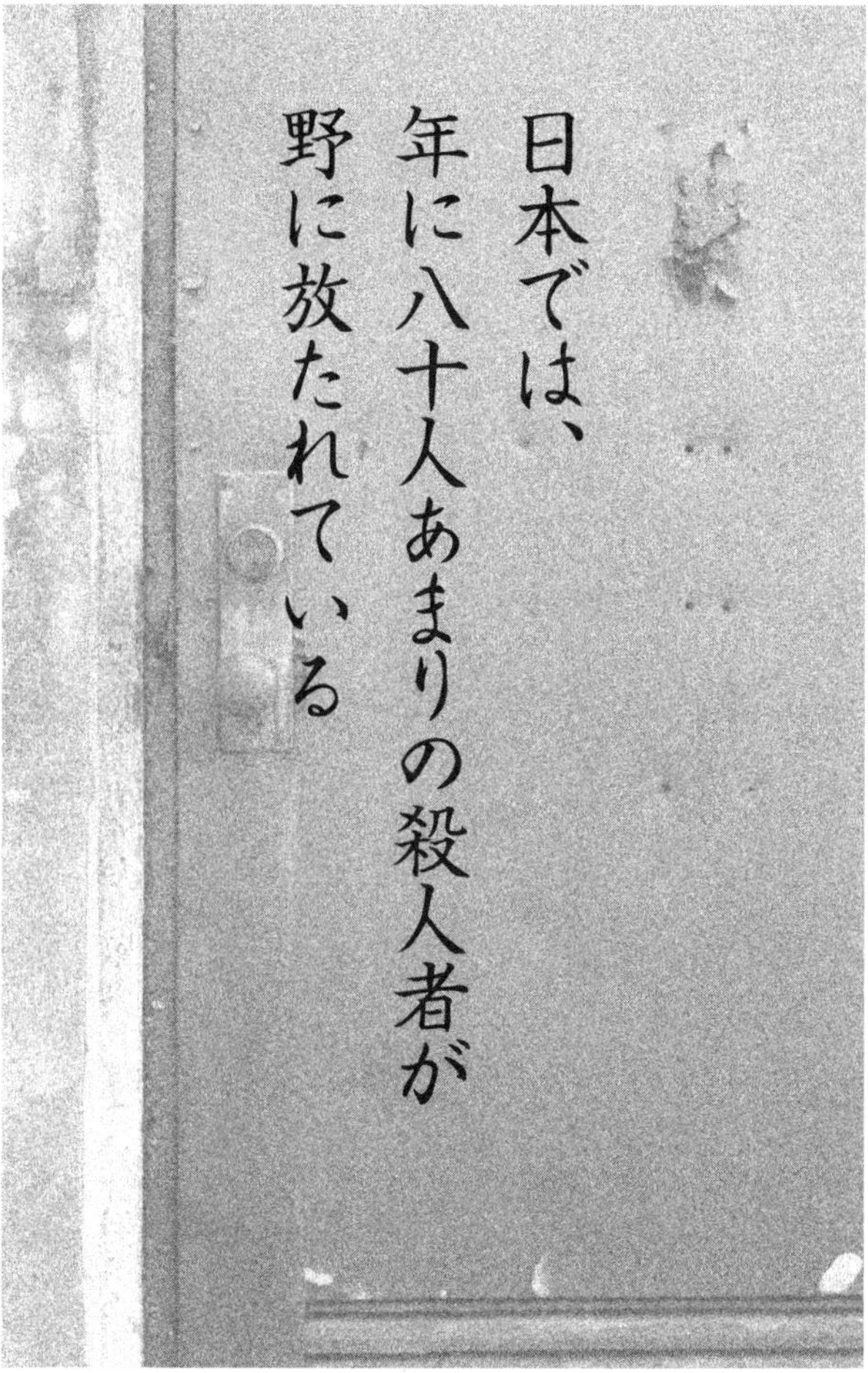
日本では、
年に八十人あまりの殺人者が
野に放たれている

殺人事件が世界で最も多いのはアメリカ、次いでフランス。人口十万人あたりの**発生率**（二〇〇〇年統計）をみると、アメリカ五・五件、フランス三・七件の発生率となる。日本は一・二件。一方、その検挙率はアメリカ六三パーセント、フランス七八パーセント。検挙率の落ち込みが著しい日本ではあるが、殺人に限れば高水準の九四パーセント。しかし日本の殺人事件はいまや**年間千三百件**を超えている。年に八十人あまりの殺人者が捕まっていないということ。

※法務省法務総合研究所の調べでは、「居住地域における夜間の一人歩き」に対し八割が、「自宅に夜間一人でいること」に対し九割が、ともに「安全」と答えている。

警察編

警視庁には、馬がいる

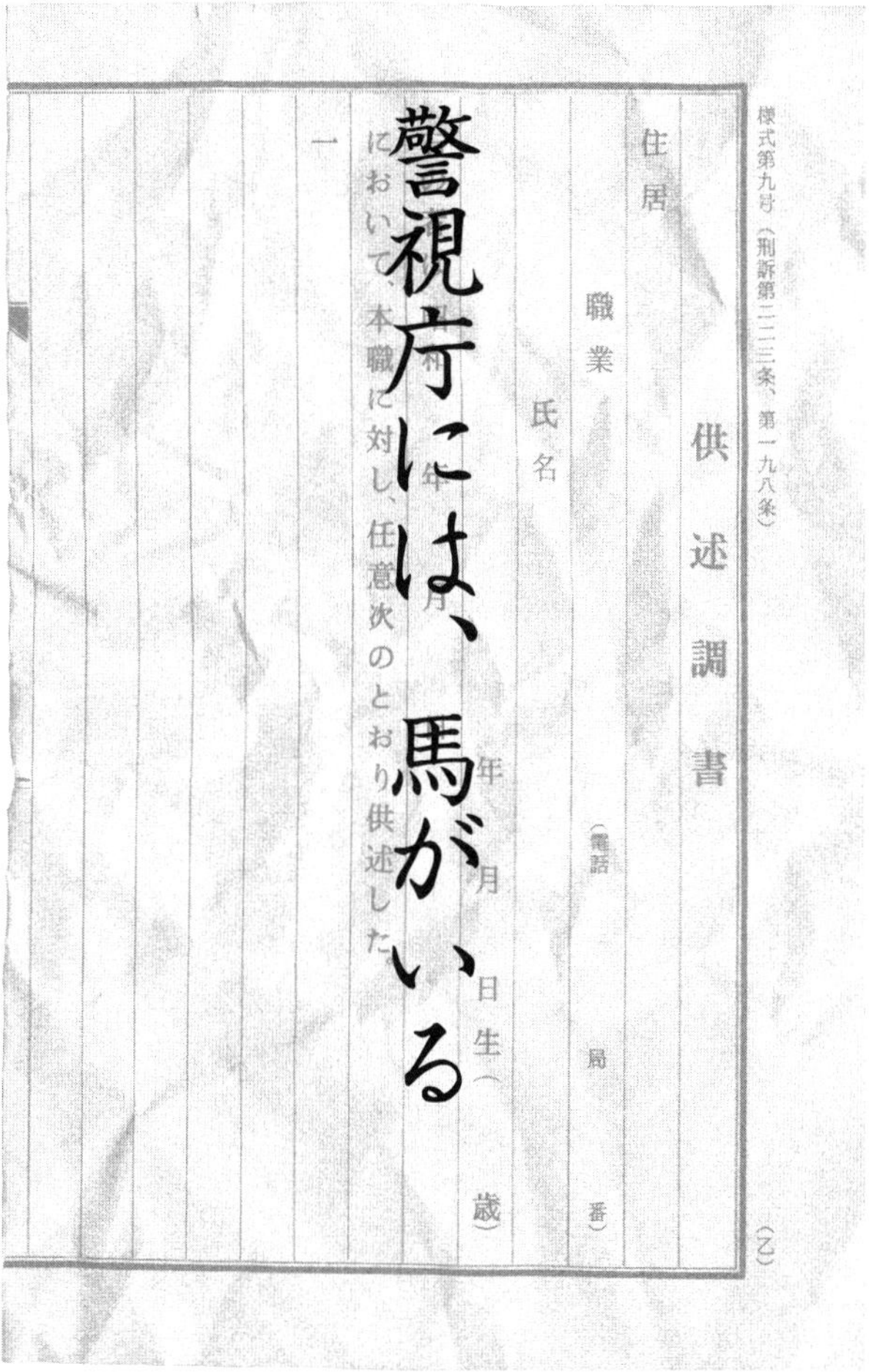
様式第九号（刑訴第二二三条、第一九八条）

供述調書（乙）

住居

職業 （電話 局 番）

氏名

年 月 日生（ 歳）

昭和 年 月

において、本職に対し、任意次のとおり供述した。

一

世田谷区の馬事公苑《ばじこうえん》にいる。警視庁交通機動隊騎馬隊に**所属**する。主な活動は交通安全教育。小学校などで行われる交通安全教室、児童の登下校時の交通整理、交通・防犯パレードなどに出動する。外国大使の信任状奉呈の際の馬車警護という仕事もある。現在十六頭。元競走馬で、中央競馬会から**寄付**を受けている。「行き交う車や人ごみの中で、じっと立っている」ことが出来るよう、半年から一年にわたり訓練を受ける。

※各馬には時々の警視総監、副総監、交通部長などの姓名から一文字を取り、漢字の名が付けられる。「信竜」「浩駿」など。

※犬は三十三匹いる。

警視庁には、チアガールがいる

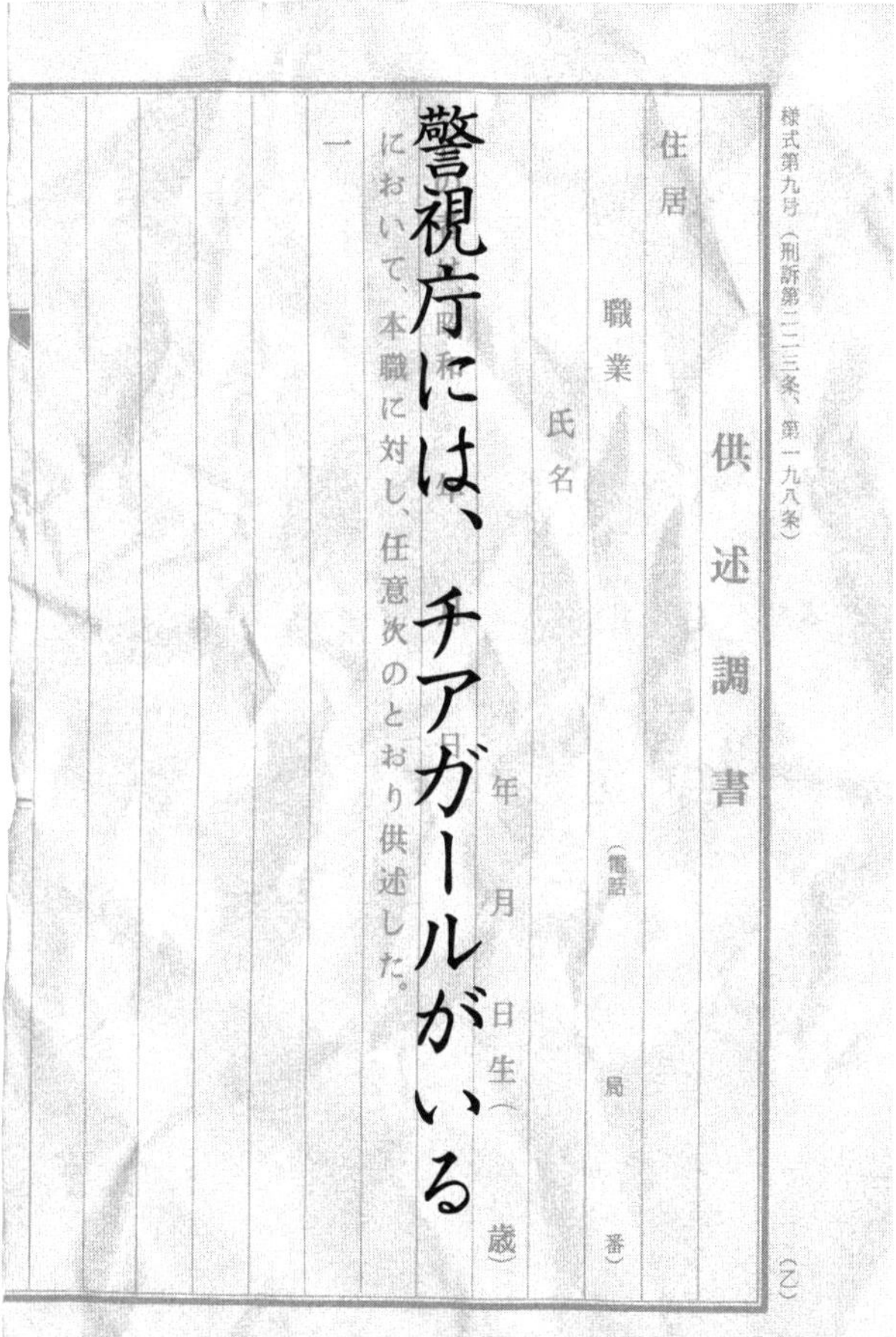

様式第九号（刑訴第二二三条、第一九八条）　（乙）

供述調書

住居

職業　（電話　局　番）

氏名

年　月　日生（　歳）

昭和　日

において、本職に対し、任意次のとおり供述した。

一

通称「メック（MEC）」と呼ばれる、「メトロポリタン・カラー・ガード」。現在の構成人数は女性十名。警視庁総務部広報課に属し、主に**音楽隊**とともに活動している。同課は都民の窓口でもあるが、同時に「親しまれる警察」を目指し、様々な形で広報活動を行う。交通安全パレードもそのひとつ。「MEC」のフラッグ演技が華を添える。ダンスやハンドベル演奏も得意。連日、練習に明け暮れるが、身分は警察官なので、当然、**逮捕権**もあり拳銃も撃てる。

※「世界のお巡《まわ》りさんコンサート」がある。

警視庁には、「ケイシチョウ」という階級がある

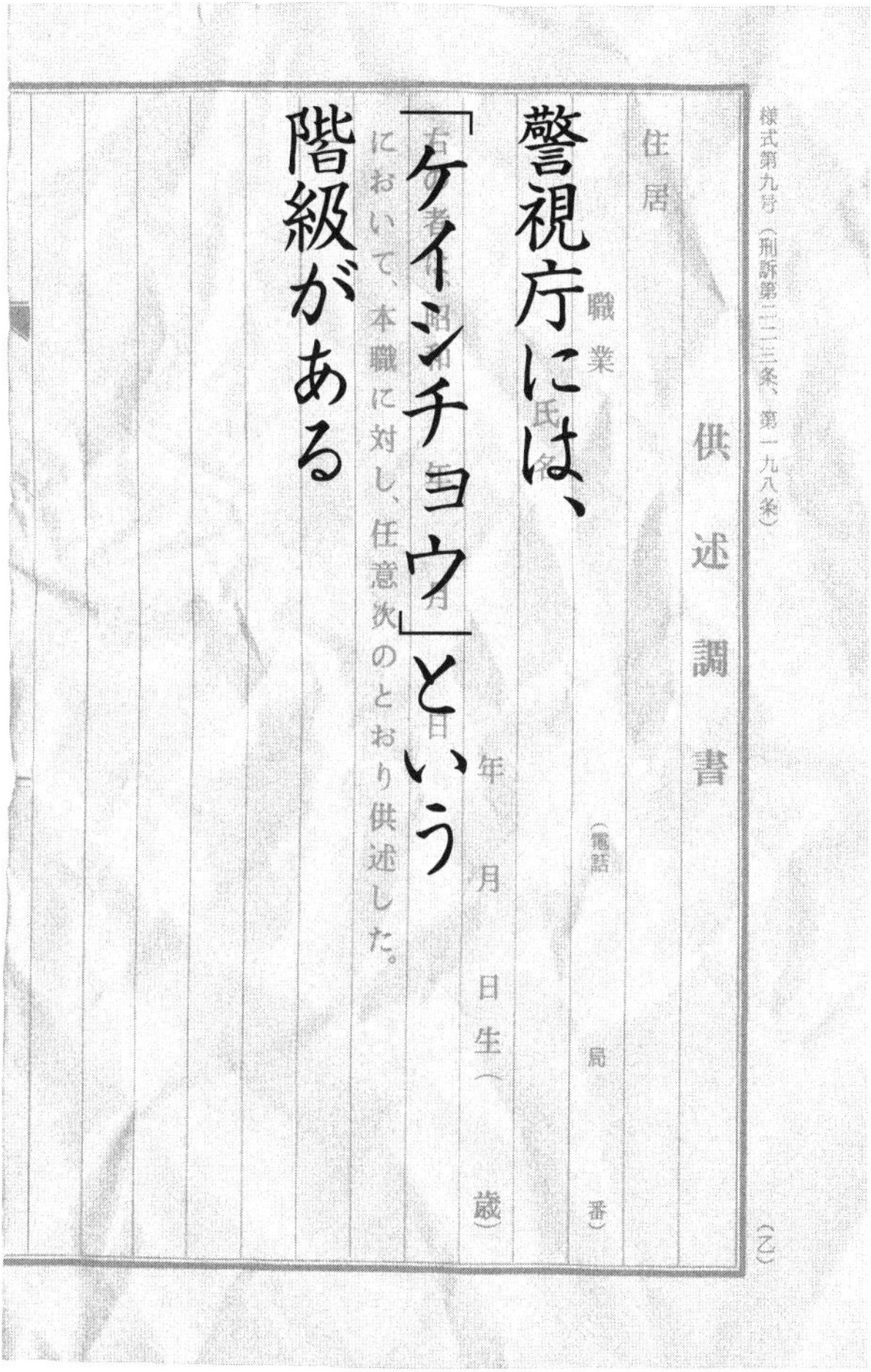
様式第九号（刑訴第二二三条、第一九八条）

供述調書（乙）

住居　（電話　局　番）

職業

氏名

年　月　日生（　歳）

右の者は、昭和　年　月　日

において、本職に対し、任意次のとおり供述した。

各一名しかいない警察庁長官と警視総監を別にすれば、警察階級の最高位は**警視監**。全国でも四十七人しかいない（平成十五年十月現在）。そしてその下に、「警視長」という階級がある。いわゆる「ノンキャリ」（警視庁及び道府県警採用警察官）でも、**出世頭**はここまで昇る。

※警視監以下の警察階級は次の通り。

警視監―警視長―警視正―警視―警部―警部補―巡査部長―巡査長―巡査

※警視長の次の階級「警視正」は、警察内では「ケイシマサ」と呼ぶ。これ以上の階級は国家公務員とされる。

警視庁とは簡単に言えば、
東京都警察本部である

警察本部とは各道府県の**警察機構**を指す言葉。通常は「○○県（道・府）警察本部」といい、「○○県（道・府）警」と略される。ところが東京都の警察は警視庁。これは戦前の警察制度が中央から始まり地方とは一線を画していたため。地方は知事の管理下であったが、警視庁は内務省に置かれ別格扱いだった。現在の都道府県警察制に一元化された（昭和二十九年）後も、その名称が残った。警視総監の名称も同様で、地方でいえば「○○県（道・府）警察本部長」にあたる。首都の治安を預かることは今なお特別で、警察本部長が警視正以上の階級で就任し、退任後の昇級（警察庁内）がまだ残されているのに対し、警視総監はそれ以上の出世はない。職名と階級名が一致する**一職一階級**。警察庁長官と並ぶポストと言われる。

※警視総監の任免には、内閣総理大臣の承認が必要。

大阪にも警視庁があった

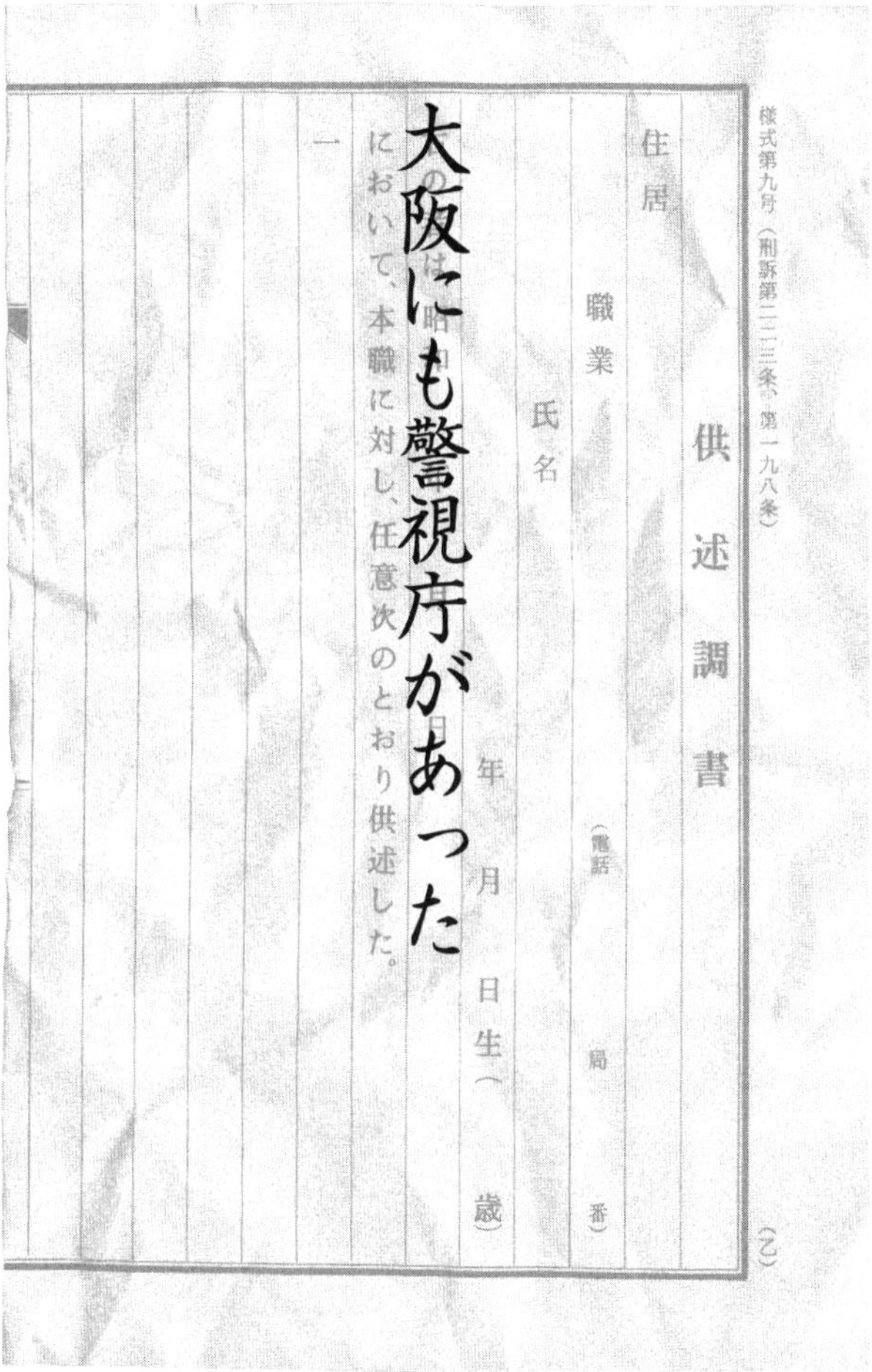
様式第九号（刑訴第二二三条、第一九八条）　（乙）

供述調書

住居

職業　（電話　局　番）

氏名

年　月　日生（　歳）

において、本職に対し、任意次のとおり供述した。

一

第二次大戦後の警察制度改革により、警視庁は東京の特別区のみを管《かん》轄《かつ》する**自治体警察**となった。大阪の警察も同様で、こちらは「大阪市警視庁」の名称を名乗った。つまりこの間、警視総監も二人いた。七年後、**警察法**の改正で警視庁は再び東京のみとなる。

※自治体警察は市及び人口五千人以上の市街的町村に設けられた。「〇〇村警察」などと命名され、それぞれに徽章《きしょう》を設けた。全国に千六百五あった。

日本の警察を作ったのは、薩摩藩士だ

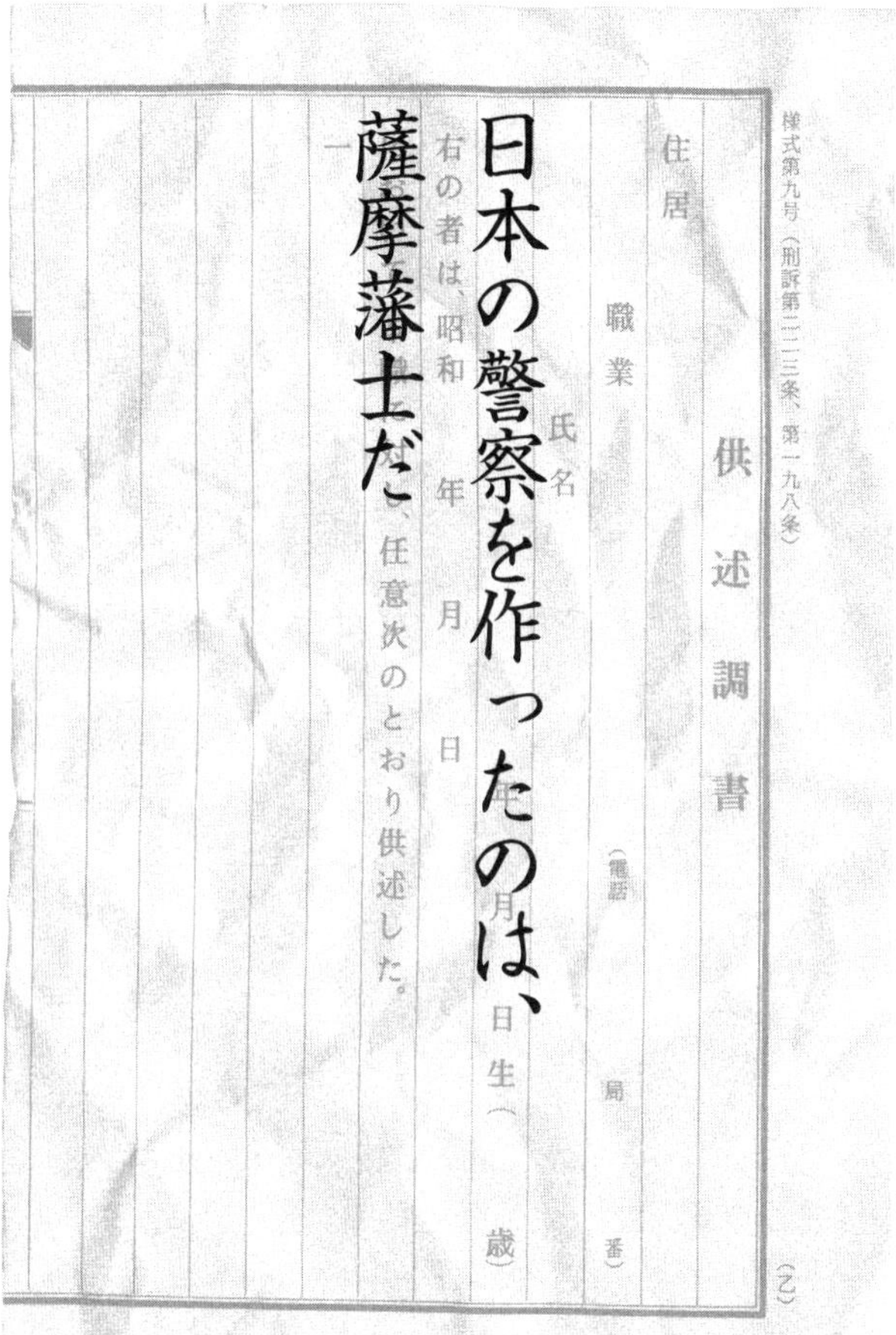
様式第九号（刑訴第二二三条、第一九八条）

供述調書

住居

職業　（電話　局　番）

氏名　月　日生（　歳）

右の者は、昭和　年　月　日　、任意次のとおり供述した。

一

（乙）

日本の近代警察制度は明治四（一八七一）年の邏卒《らそつ》の設置に始まる。邏卒とは取り締まりの権限を与えられた東京府の**警察要員**。後に巡査と呼ばれた。邏卒三千人のうち、二千人を鹿児島から募集した。西郷隆盛が率いた軍に入隊出来なかった元薩摩《さつま》藩士たちへの雇用対策だった。初代警視総監となる川路利良《かわじとしよし》は、府内に六人いた邏卒総長のうちの一人。幕末、公武合体案進言のため東上する君父・島津久光に随《したが》い、故郷・薩摩を発《た》っていた。後の西南戦争鎮圧の際は、川路の指揮のもと東京警視本署（この時期、警視庁は一時名称を変更していた）から官軍として九千五百人の巡査が派遣され、九百十八人が**戦死**した。

※鹿児島では今でも川路のことを、裏切り者扱いする。

※「邏」は見回りのこと。現在でも警察官が地域を巡回することを警《けい》邏《ら》という。警視庁の地域課は平成五年三月まで警邏課といった。

その警察創設の草案を書いたのは、福沢諭吉

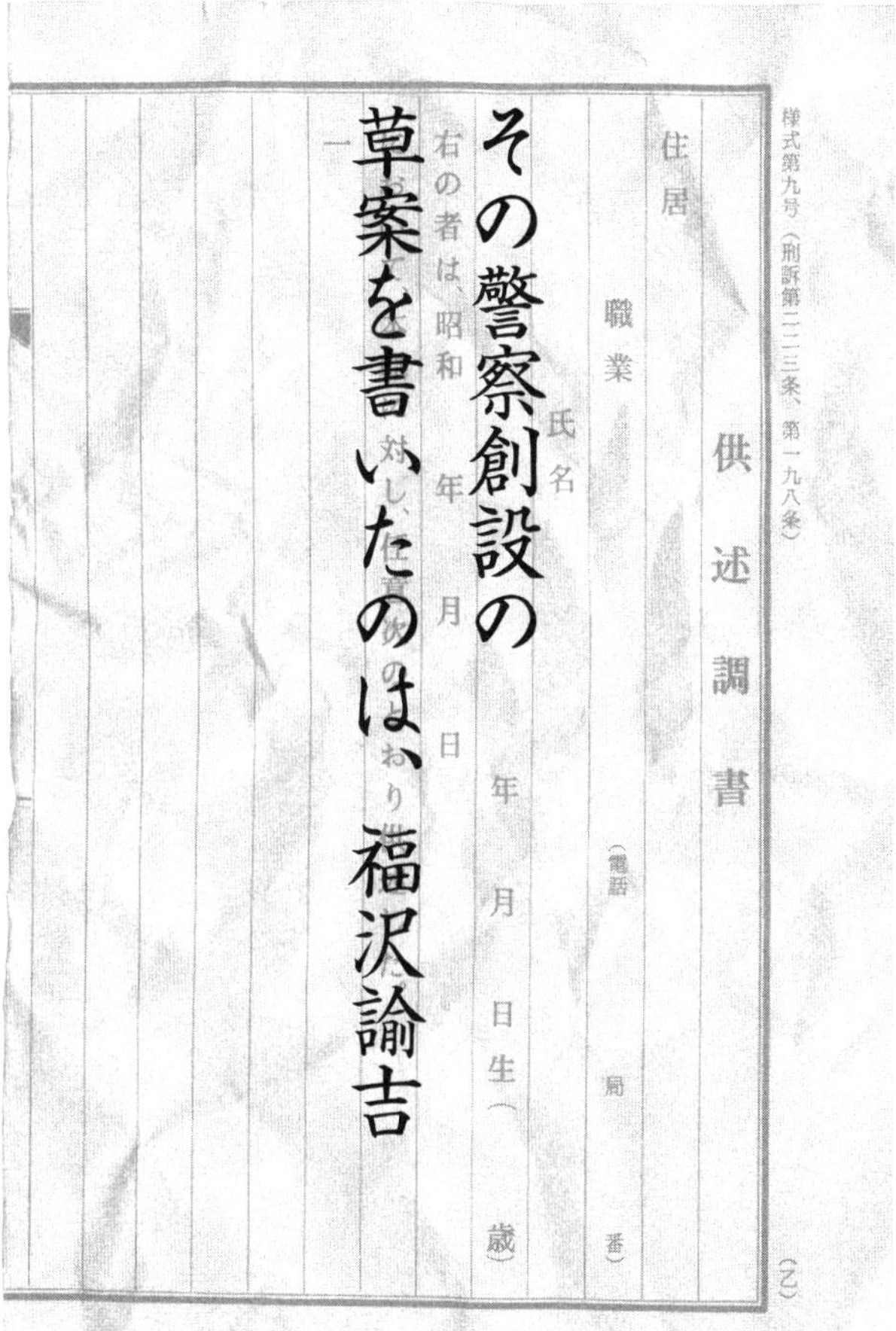
様式第九号（刑訴第二二三条、第一九八条）（乙）

供述調書

住居

職業　（電話　局　番）

氏名　年　月　日生（　歳）

右の者は、昭和　年　月　日

対し、

次のとおり

一

「取締之法《とりしまりのほう》」。明治三年に書かれた。欧州の警察制度についてまとめたもの。福沢はこの仕事を請け負う代わりに行政側に対し、慶應義塾の敷地を安く貸す**便宜**を図るよう条件を出している。

※明治四年、慶應義塾は芝の新銭座《しんぜんざ》から現在の三田に移っている。

警察官は、組合活動が出来ない

様式第九号（刑訴第二二三条、第一九八条）（乙）

供述調書

住居

職業　（電話　局　番）

氏名

和　年　月　日生（　歳）

において、本職に対し、任意次のとおり供述した。

一

警察、消防などに勤務する公務員には、労働組合法が適用されない。

したがって他の公務員には認められている「職員団体、組合その他の団体を結成し、加入する自由」もない（国家公務員法、地方公務員法）。

争議などもってのほか、一切の労働権が**禁止**されている。
※互助組合はある。

取り調べの定番といえば
カツ丼だが、
警視庁の食堂メニュー
一番人気は「もり蕎麦」

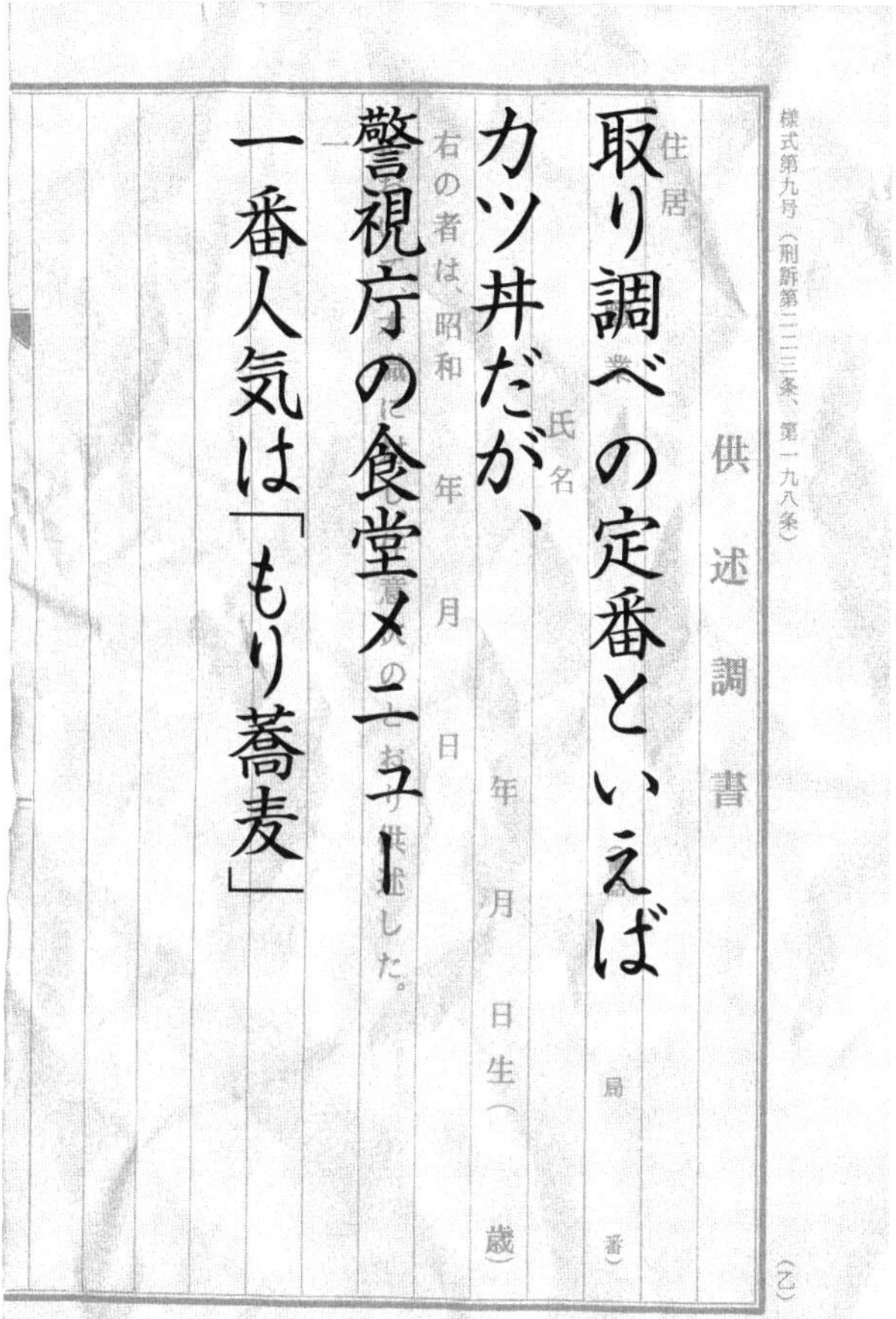

二百円。「早いから」。

※食堂は一般開放していない。

※刑事が取り調べの際、カツ丼を奢《おご》ることはない。供述を誘導したと、後の裁判で問題となる。

東京消防庁は警視庁から独立した

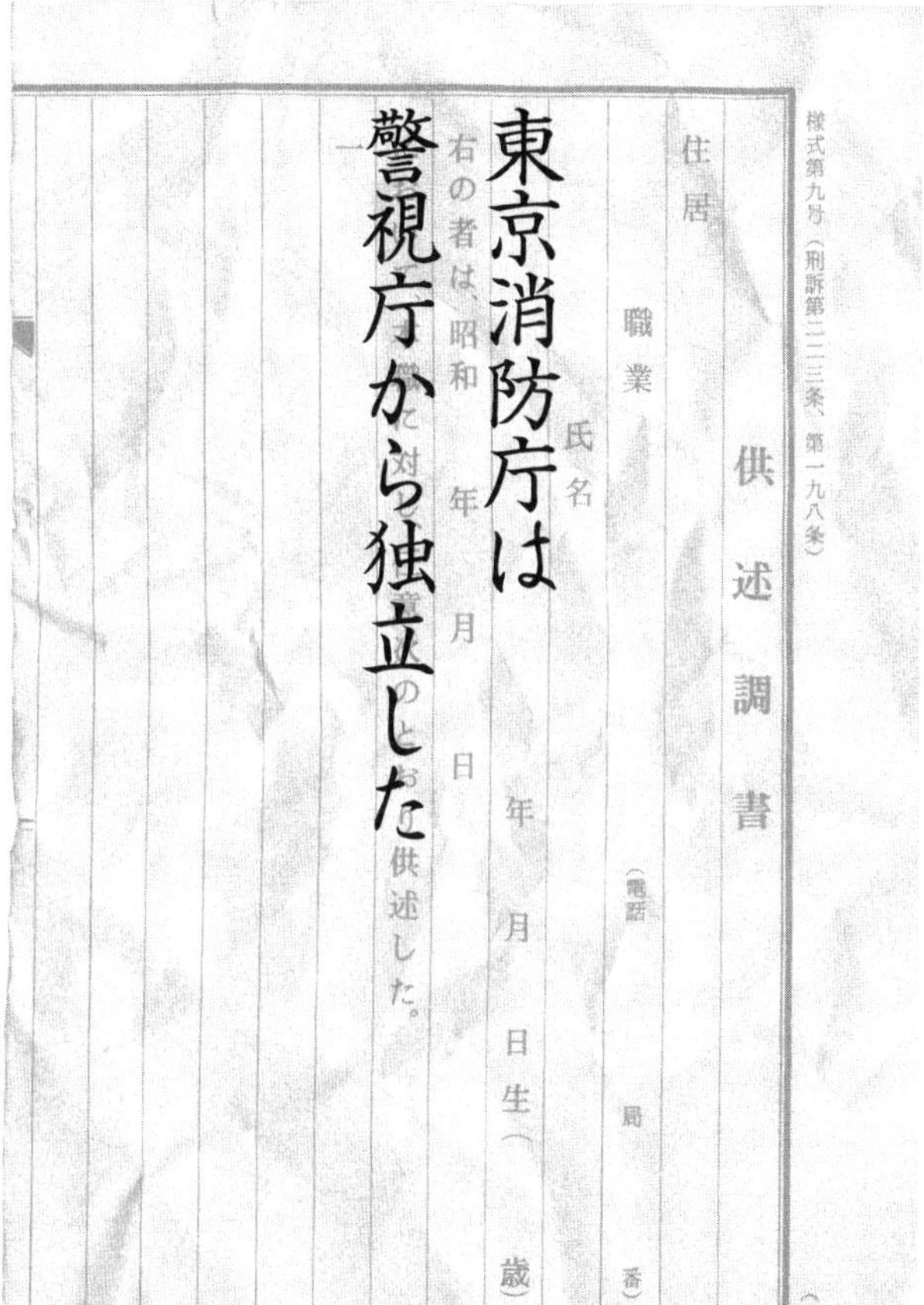

様式第九号（刑訴第二二三条、第一九八条）　（乙）

供述調書

住居

職業　（電話　局　番）

氏名

年　月　日生（　歳）

右の者は、昭和　年　月　日

本職に対し任意次のとおり供述した。

一

明治七年、**東京警視庁**が創設されて以来、東京では消防組織は警視庁に属した。川路大警視は欧州に出向いた際、警察制度だけでなく、消防についても視察、帰国後、消防章程を定めている。それから七十年あまりの後、昭和二十二（一九四七）年に消防組織法が制定され、翌年、警視庁消防部は独立、**東京消防庁**となった。それまでは警務部、刑事部、保安部などと並ぶ、ひとつの部であった。
※旧警視庁庁舎には、火の見櫓《やぐら》（望火楼）があった。

保健所の業務も警視庁の管轄だった

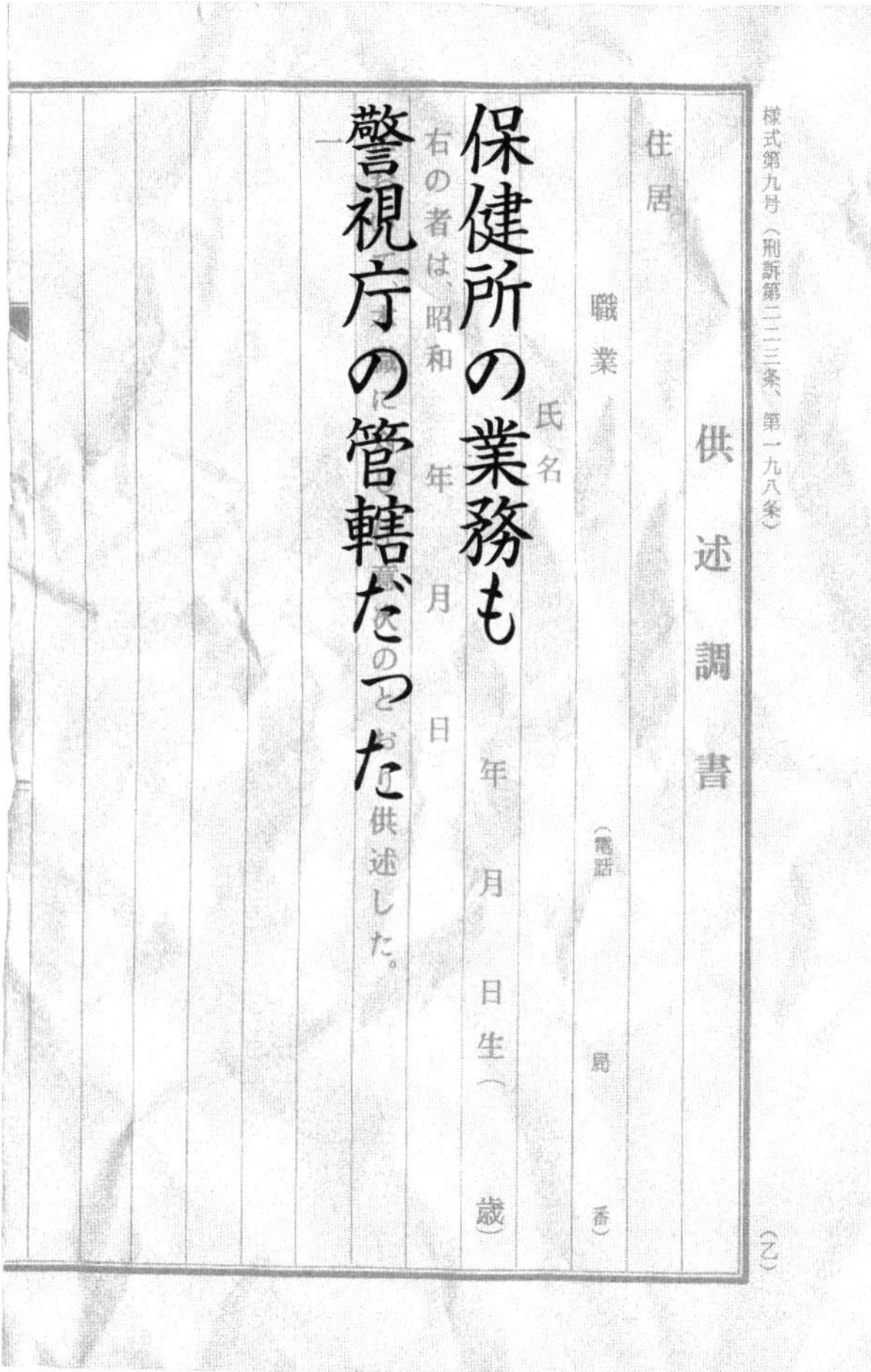

昭和十六年二月まで警視庁には**衛生部**があった。

※当初は刑務所（監獄）も警視庁管轄。

警察への通報は一一〇番以外に、一一八番があった

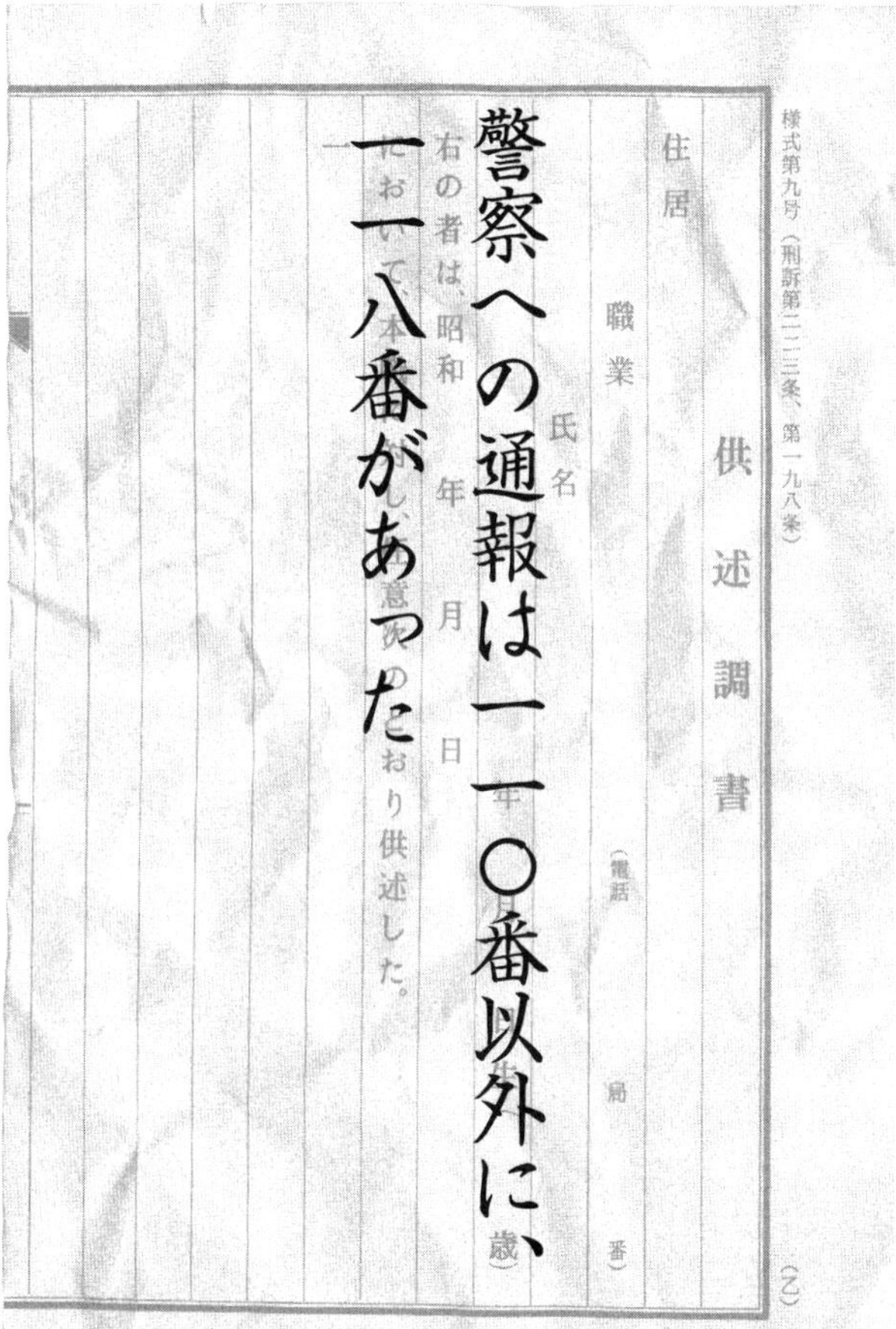

警察への**電話通報**の仕組みが出来たのは、昭和二十三年。東京、大阪、京都など全国八都市で開始された。ところが都市によって異なる番号だったため、誤用を避けることを目的とし六年後、「一一〇」に統一された。「一一八」は名古屋で使用されていた番号（現在は海の事件・事故の通報用番号）。大阪、京都は「一一〇」。

※「一」はダイヤルを回す距離を考えての緊急性、「〇」は逆に利用者が落ち着くよう、ダイヤルが戻る時間が一番長い数字を選んだと言われる。押しボタン式電話機の発売は昭和四十四年、プッシュ式公衆電話の登場は昭和五十年。いまやジー、ジーと回す**ダイヤル式**電話機を見かけることは、稀《まれ》。

パトカーの最初の色は白だった

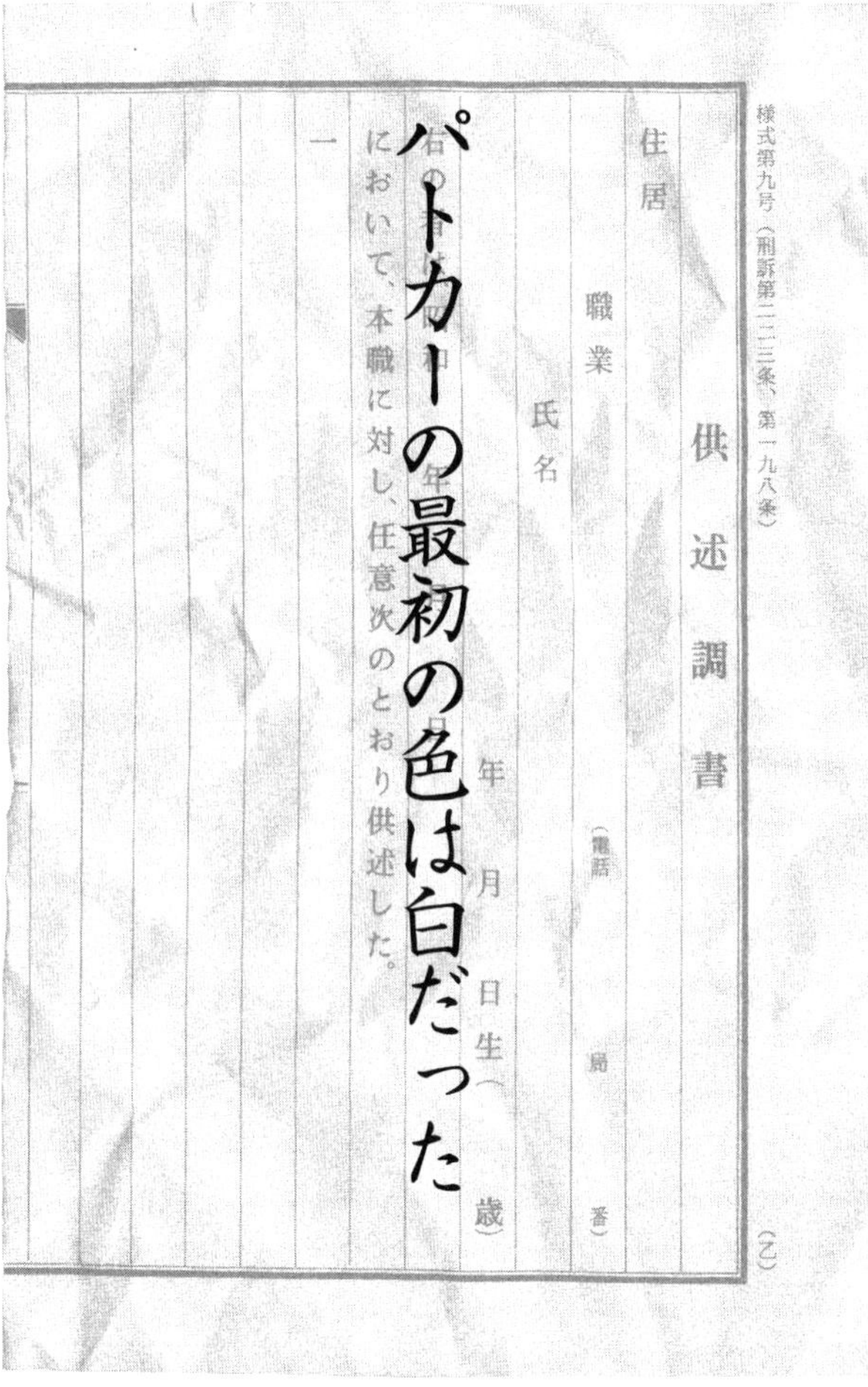
様式第九号（刑訴第二二三条、第一九八条）

供述調書（乙）

住居

職業　（電話　局　番）

氏名

年　月　日生（　歳）

右の　　昭和　年　　日

において、本職に対し、任意次のとおり供述した。

一

パトカーの登場は昭和二十五年六月。アメリカ軍から譲り受けたオープンカーがその最初だった。当時の乗用車はほとんどが白色。一般車と区別するために、下半分を反対色の黒で塗った。昭和三十年に全国統一。現在、全国に約二千六百台。**ミニパト**は千八百台ある。
※白バイは真っ赤だった。大正七年誕生。昭和十一年に白くなった。

パトカーの後部座席は、内側から開かない

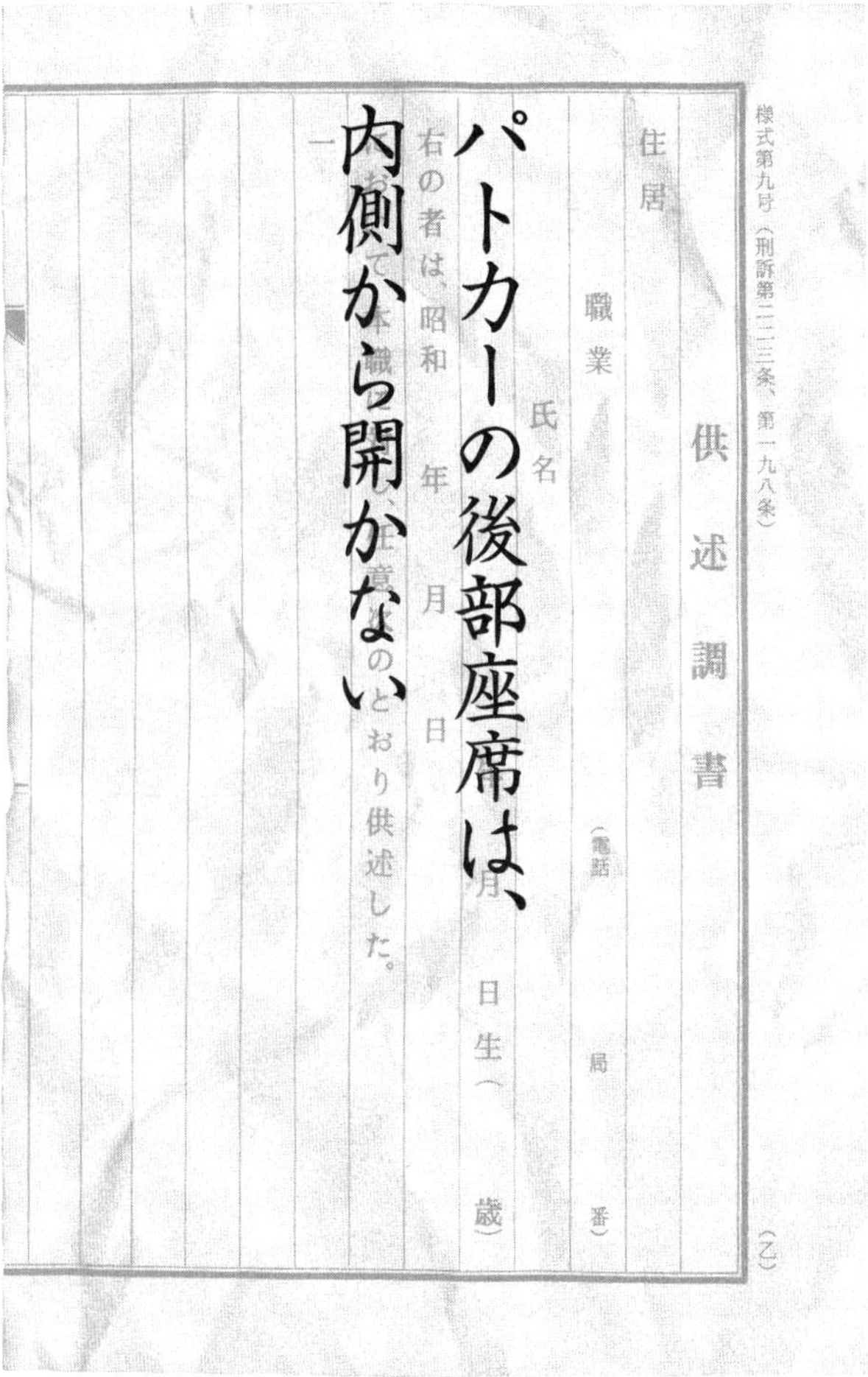

運転席での操作によりドアロックが出来る乗用車は、現在では一般的。警察では自動車メーカーに先んじて、以前からドアに特別な装置を付けていた。さらに窓ガラス開閉のための取っ手を外した車両もあった。護送の際の、**犯人逃亡防止**のため。

※パトカーの正式名は「警ら用無線自動車」。

独身の警察官は、署に住民登録している

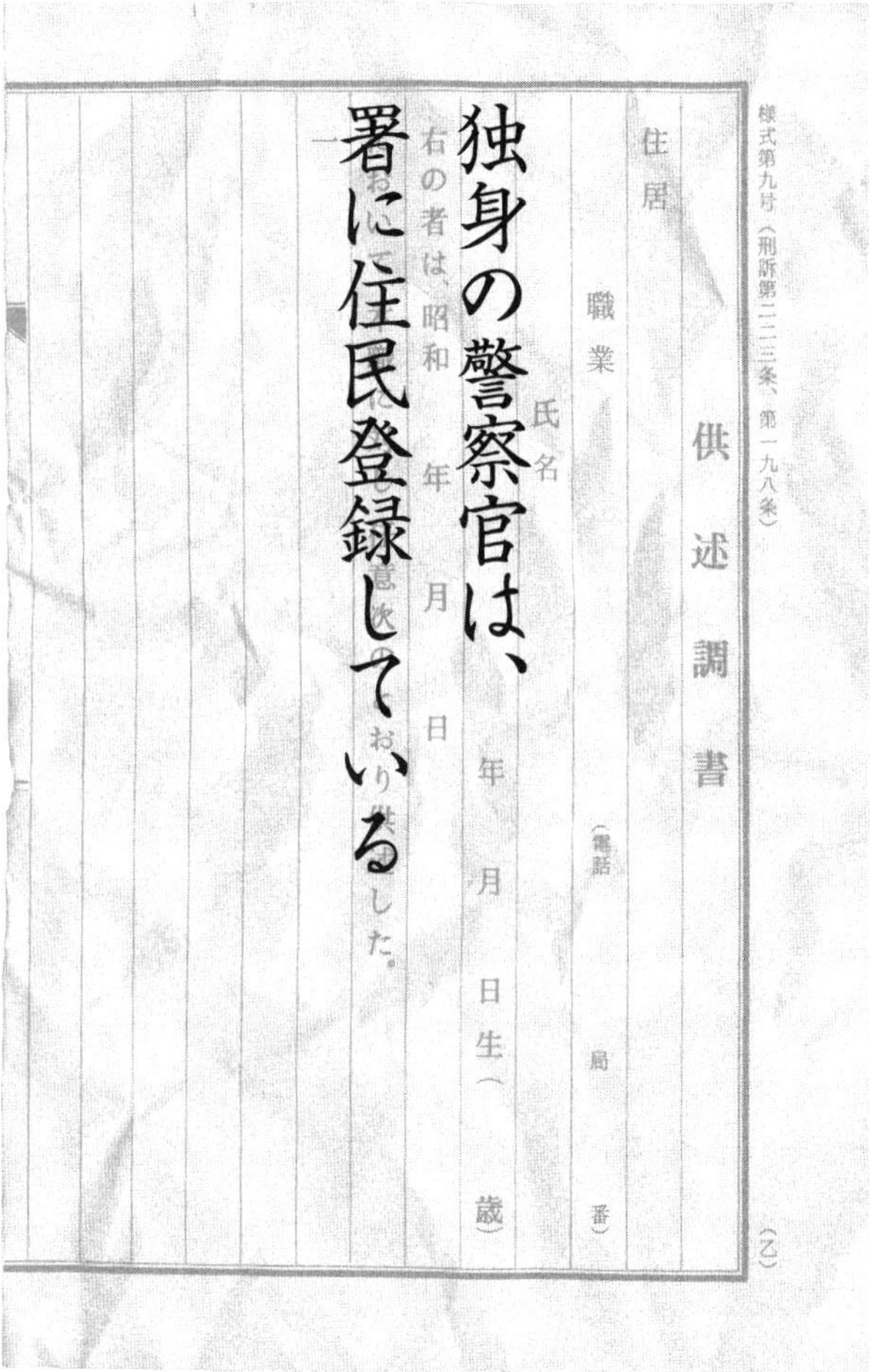

最近改築の警察署庁舎は、上層階を独身署員の寮としているケースが増えている。これは**住宅事情**だけでなく、仕事の性質上、緊急時のことも想定している。警視庁を例にとれば、署にもよるが家賃は月額三万円程度。光熱費等は別。「賄《まかな》いさん」もいて、食事を作ってくれる。一方、「家族持ち」の署員はサラリーマンと同様である。他県も含めた郊外から、時間をかけて通勤しているものも多い。

※警察署は都道府県の区域を分けて各地域を管轄《かんかつ》する。その下部機構、前衛拠点が交番と駐在所。**駐在所**には警察官が常駐、家族で暮らす。仕事場に住めるという意味では同じだが、こちらの希望者は最近少ない。

警視庁の刑事は飲みに行くと、勤務先を商事会社と名乗る

様式第九号（刑訴第二二三条、第一九八条）（乙）

供述調書

住居

職業　（電話　局　番）

氏名

右の者は、昭和　年　月　日

（　歳）

一

警察官はその職務の性格上、社会において目立つわけにもいかない。会話に聞き耳を立てられるのも困るし、まわりから奇異な目で見られかねない。警視庁の刑事が名乗るのは「桜田商事」。「桜田」はその所在地である「桜田門」から来ている。皇居にある**外門**の一つだが、その門前に警視庁はある。現在の庁舎は昭和五十五年に建てられたが、同所に警視庁が置かれたのは昭和六年にまで遡《さかのぼ》るゆえ、「桜田門」は警視庁の**別称**ともいえる。商事会社を名乗るのは「もっとも普通で、無難な職業だから」というのが、おおかたの刑事の意見。

※飲みに行くのは、並びにある国土交通省の食堂が多い。警視庁の食堂では酒を売っていない。

強姦のことを
関西では、「豆泥棒」という

警察隠語は多くあるが、「豆」は形から**女性器**の一部の隠喩《いんゆ》であり、総じて女性器全体を指す。強姦《ごうかん》は「豆どろ」「豆盗り」「豆いり」なども言う。これは主に関西で使われる呼び方で、関東では「つっこみ」が主流。

※「豆売り」といえば売春婦を表す。

※強姦は「雀《すずめ》」とも言う。雀は竹藪《たけやぶ》で遊ぶからで、竹藪は女性の陰部を喩《たと》えたもの。

警察では殺人事件名を、「戒名」と呼ぶ

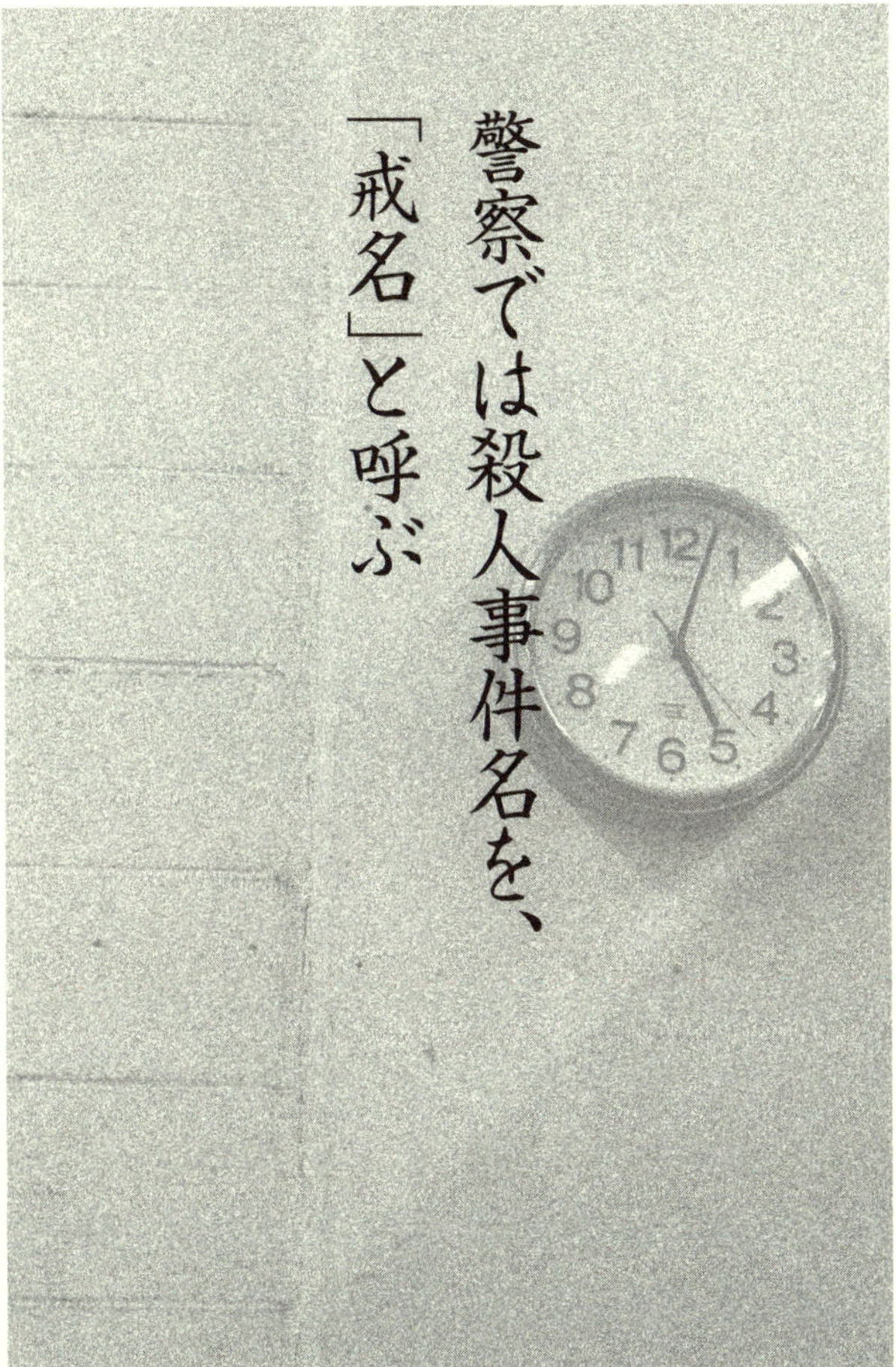

凶悪事件が発生した場合、管轄署内に設けられた部屋の入り口に看板を立て、捜査の拠点とする。そこには所轄《しょかつ》の刑事だけでなく、本庁からも捜査員が出張ってくる。その**特別捜査本部事件**の八割から九割が殺人事件。つまり、死者を扱うということになる。そして死者に付けるのは戒名。よってその事件名を警察隠語では「戒名」と言う。

※その「戒名」は地名と被害者の職業などで構成する。「○○町○丁目における主婦殺害事件」などというのが一般的。マスコミのように**扇情的**な名は付けない。

警察庁指定広域重要事件は第一号からではなく、一〇一号から始まる

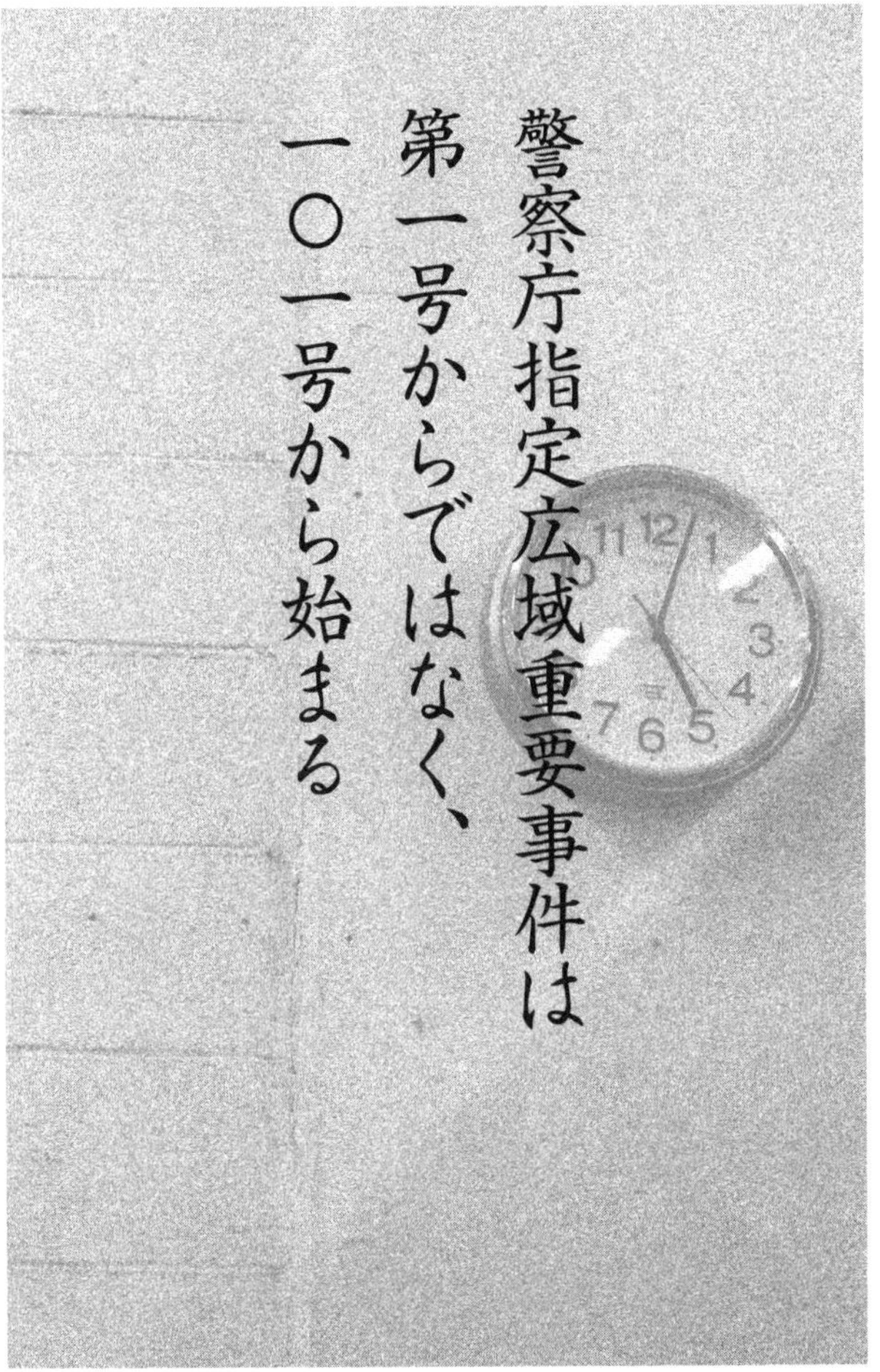

いくつかの都道府県に跨《またが》って発生した事件を、**警察庁**の仕切りで捜査する制度。第一号は三十一府県を舞台にした窃盗事件。学校の金庫破りであったが、指定番号は「一〇一号」。以下、一〇四までが窃盗だが、それ以降は連続殺人が圧倒的。現在までに二十三事件が指定を受けている。都道府県警では所轄の事件に一桁《ひとけた》からナンバリングをするため、紛らわしくならないよう一〇一から始めたといわれる。制度導入は昭和三十九年。前年、西口彰《にしぐちあきら》による**連続強盗殺人事件**が発生していた。この事件は小説『復讐《ふくしゅう》するは我にあり』（佐木隆三著）のモデルとして知られる。西口は福岡、静岡、東京で五人を殺し、北海道まで逃亡している。

※「永山則夫《ながやまのりお》」一〇八、「富山長野連続誘拐殺人」一一一、「消防士・勝田」一一三、「グリコ・森永」一一四、「赤報隊」一一六、「宮崎勤」一一七等々。当然、大事件が多い。

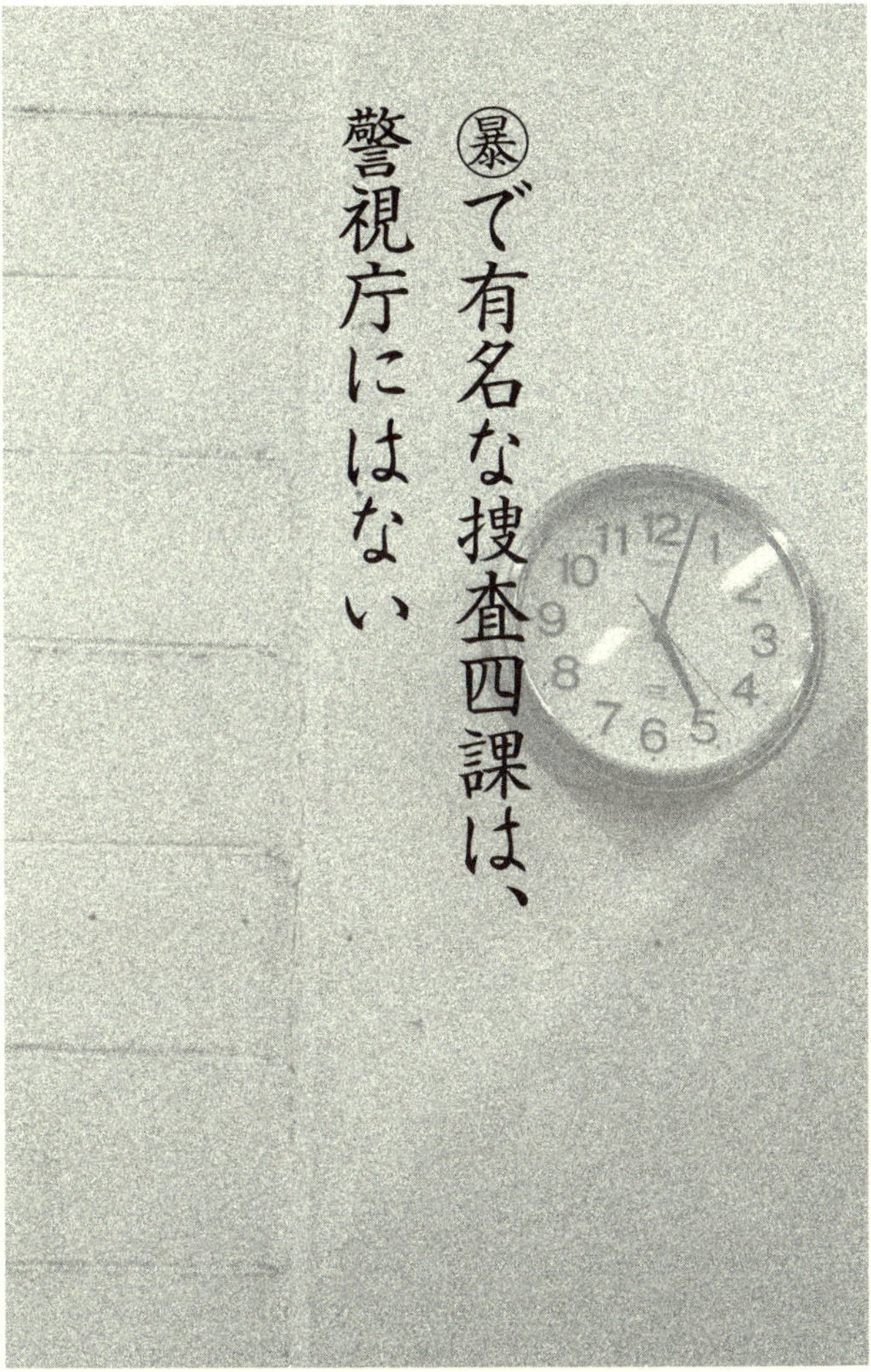

(暴)で有名な捜査四課は、警視庁にはない

㊔（マルボウ）とは暴力団のことを指す警察用語。Ⓑ（マルビー）ともいい、彼らを担当するのが**刑事部捜査四課**。内部では「捜四」と呼ぶ。通常は、どちらが本物のヤクザか見分けのつかないような「コワモテ」の刑事たちが所属している。平成十五年四月より、警視庁は組織犯罪対策部を新設。暴力団に加え、外国人の国際犯罪組織をも受け持つ。捜査四課の他、従来あった外事特捜隊、国際捜査課、銃器薬物対策課等もここに編入され、警視庁からは「捜四」の名称が消えた。

※各道府県警察本部には捜査四課は**現存**している。ちなみに、捜査一課は殺人、強盗、傷害等の「強行犯」、及び誘拐、爆破等の「特殊犯」を、捜査二課は贈収賄《ぞうしゅうわい》、詐欺《さぎ》、横領、背任等の「知能犯」を、捜査三課はひったくり、スリ、窃盗等の「盗犯」を扱う。

警察では一般人に、金を貸してくれる

公衆接遇弁償費という。財布を落とし、交通費がなく困っているなどという際に交番で貸してくれる。各都道府県の予算。千円が限度額。
※返さない人も多い。

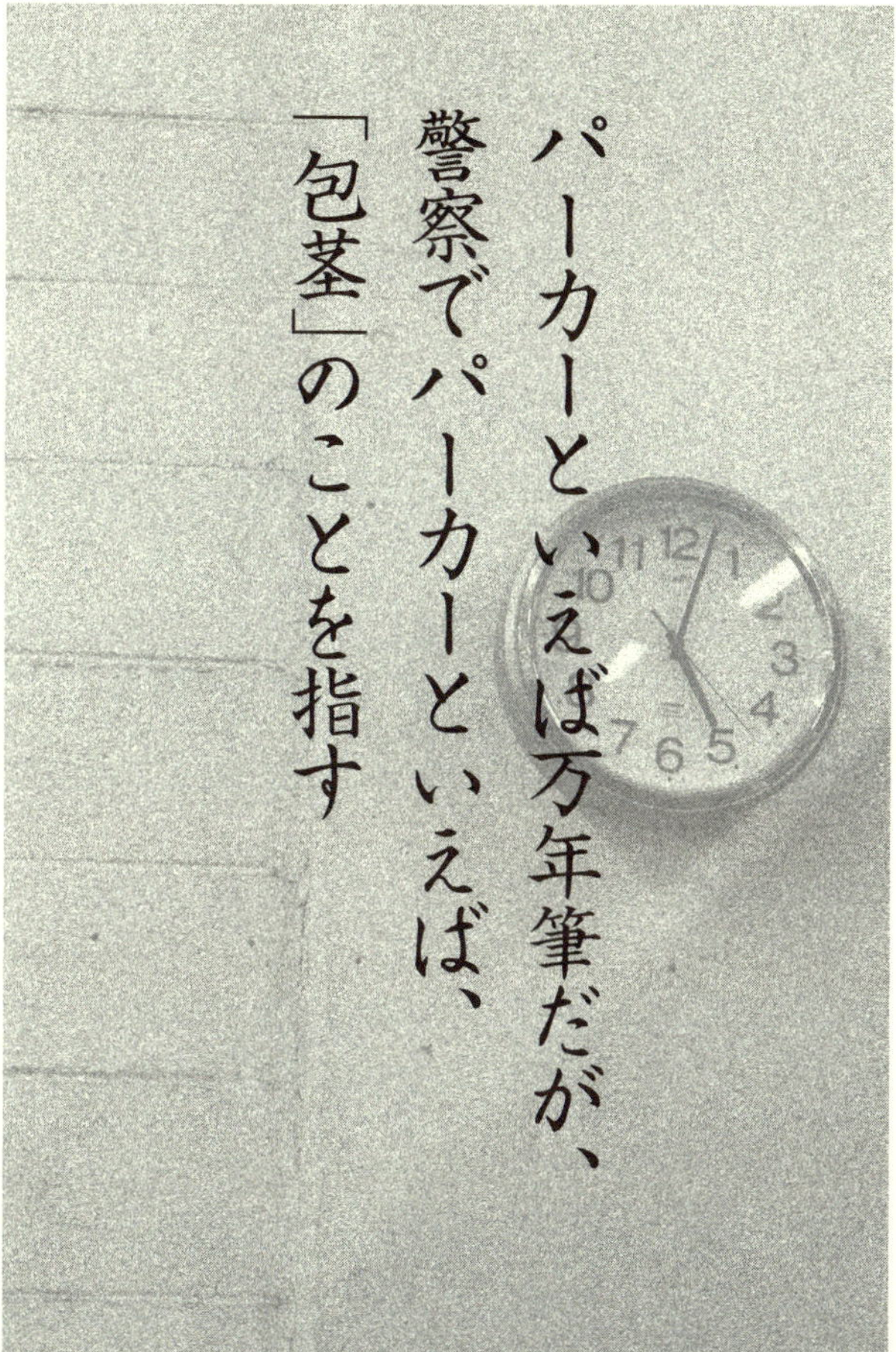

パーカーといえば万年筆だが、
警察でパーカーといえば、
「包茎」のことを指す

ペン先がキャップで覆われている**形状**が、語源とされている。同義語には、「きぬかつぎ」「虚無僧」「こもかぶり」「ほおかぶり」「お包み」「チューリップ」「みのむし」「すっぽん」等々がある。最近では「レーザーガン」ともいう。警察社会には「シモ」に関する**隠語**は数多く、必要以上といえる。隠語ゆえ、警察官は猥談《わいだん》でも使用する。

※「因果骨」「唐傘」「道鏡」「こね棒」「アポロ」「耳なし鰻《うなぎ》」「青大将」「芋」……といえば、陰茎。「アポロ」はギリシア彫刻の男性裸像から。

警察無線で「一七七」と言っていたら、強姦被害発生

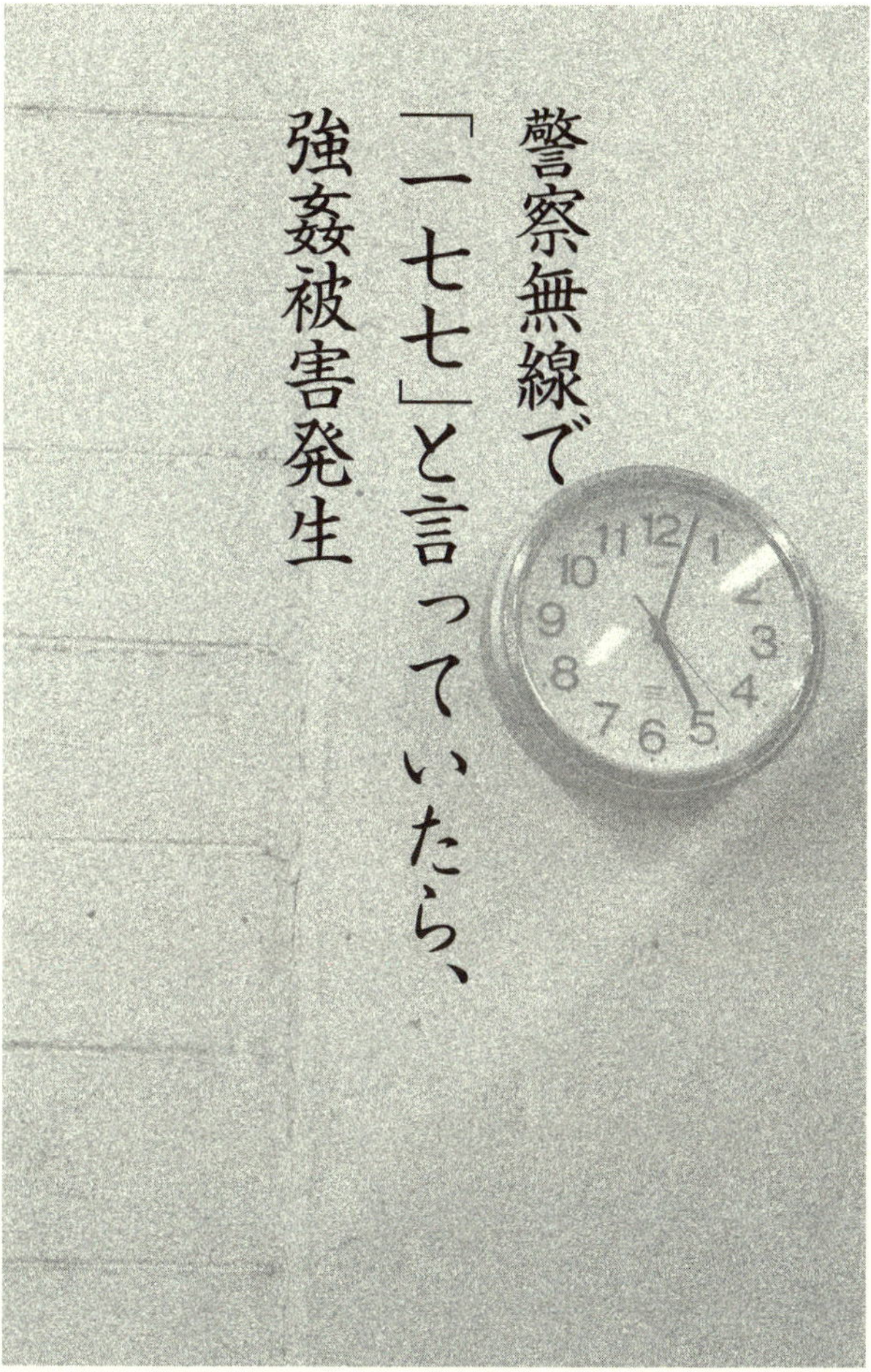

刑法の該当条文は強姦《ごうかん》。ひとつ前の**強制わいせつ**とともに、この種の犯罪では被害者の人権に神経を使う。同時に逃亡を防ぐため緊急配備を手配、各パトカーに無線で指令が伝わる。現在、警察無線は傍受出来ないと言われているが、念の為、配慮する。そのため聞かれる心配のない有線の電話でのやり取りの際は、条文の**番号**では呼ばない。

※他の犯罪は状況を報告する。殺人事件を指して「一九九発生」などとは言わない。

「ピーポくん」腕時計がある

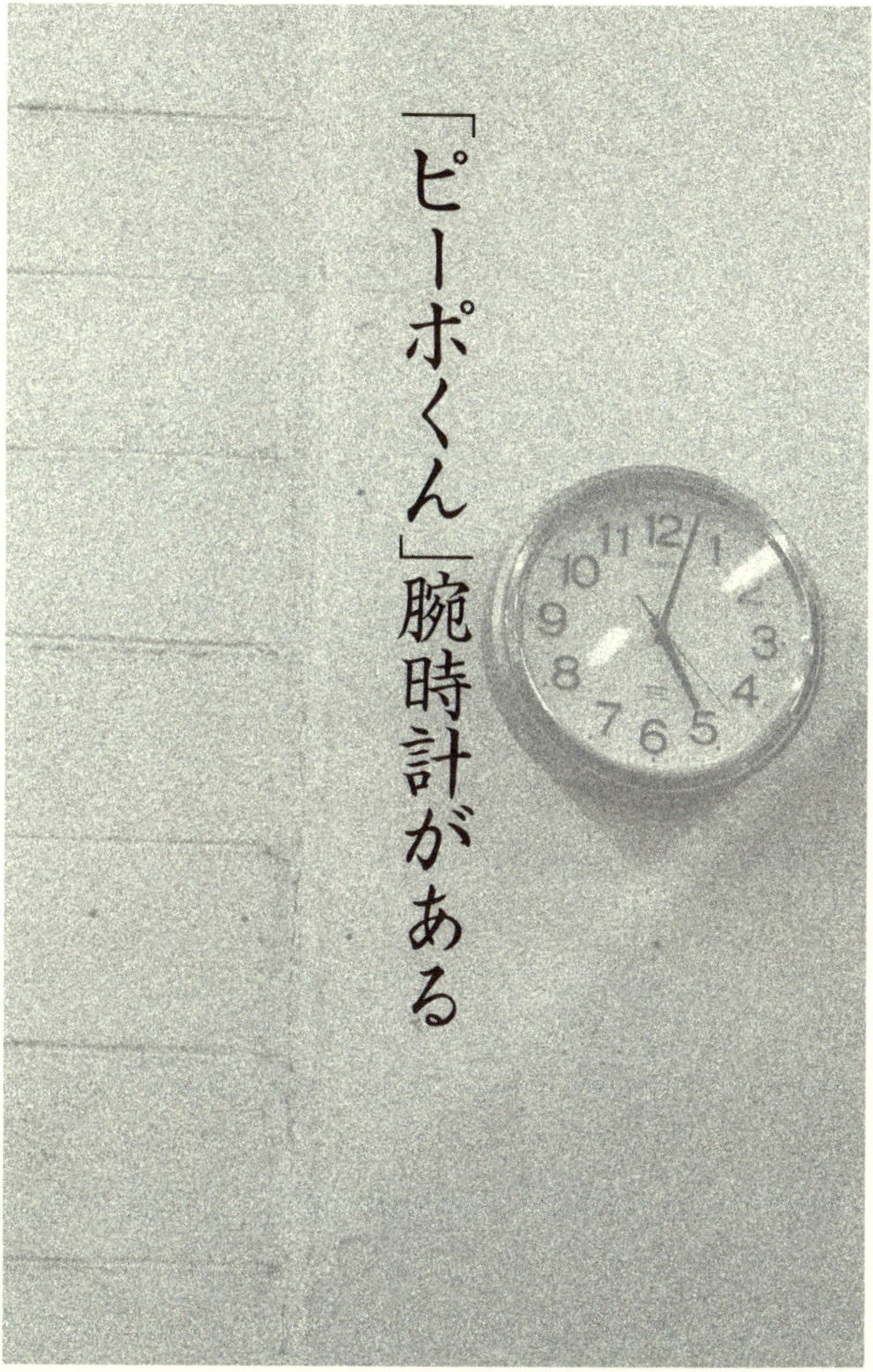

「ピーポくん」は警視庁のマスコット。腕時計は警視庁二階の**売店**で売っている。三千円。笑顔の「ピーポくん」が秒針として回る（下の写真）。この売店は職員のために主に書籍、雑貨等を扱っているもので、ここに並ぶ数種類の「ピーポくん」グッズも一般に販売することはない。庁内見学者が**土産**にする場合などと、限っている。
※「ピーポくん」Tシャツは八百九十円（子供用五百六十円）。

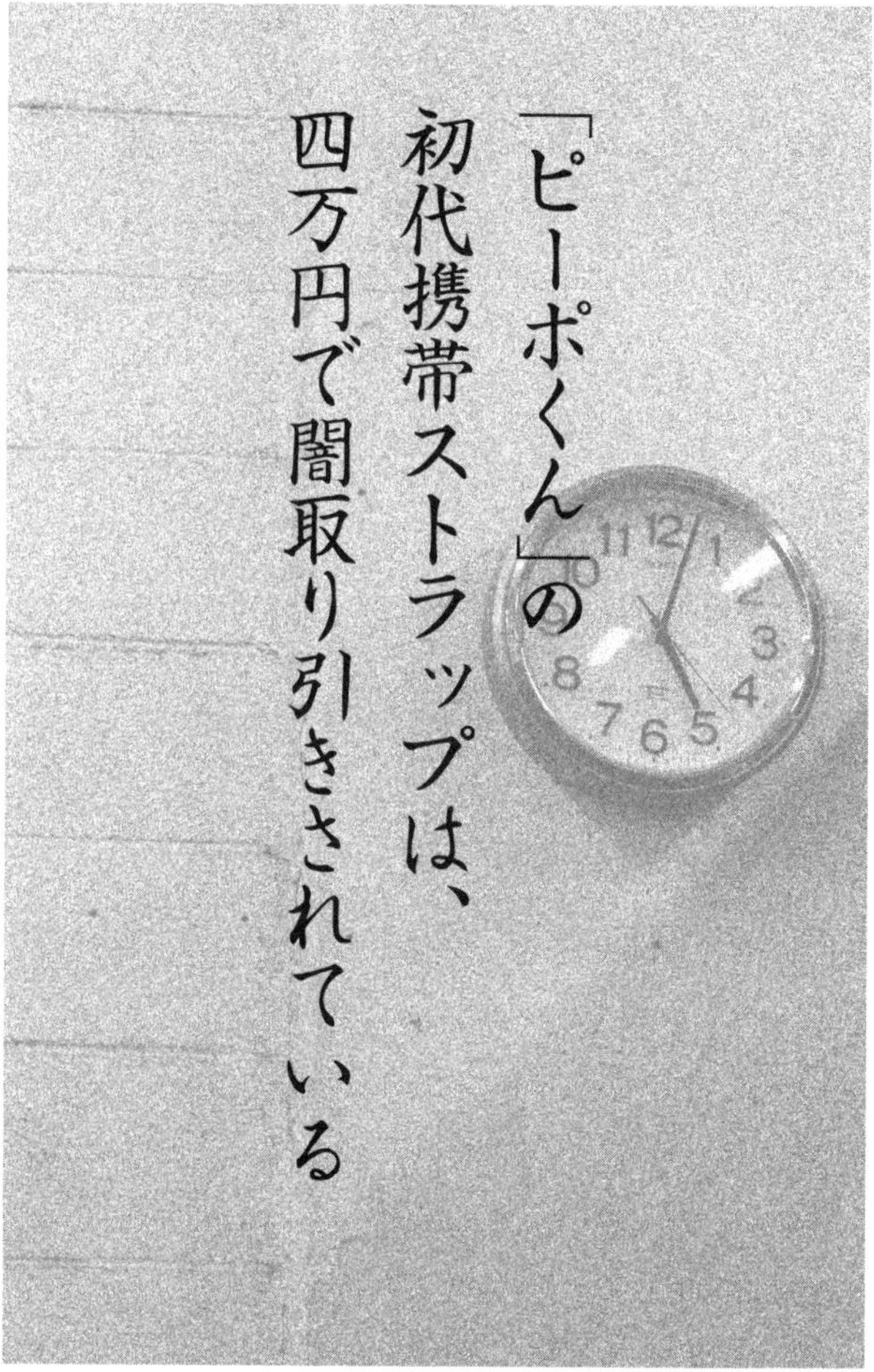

「ピーポくん」の初代携帯ストラップは、四万円で闇取り引きされている

警視庁が製作した「ピーポくん」グッズ、人気の品は携帯電話用ストラップ。これは当初、庁内でのみ売られ、職員家族の他、主に**関係各所**で配られた。そのため製造数もわずか、しかも後に流通するようになったものとは規格が異なっているため、現在ではその手の市場では高値がついている。見分けるポイントは二つある。紐《ひも》の色が二代目は青だが初代は黒（現在売られている三代目は再び黒）。またピーポくんの**手**が今は前方に開いているが、最初は内側を向いていた。

※三代目「ピーポくん」携帯ストラップは、警察博物館（東京・京橋）で購入可能。五百円。

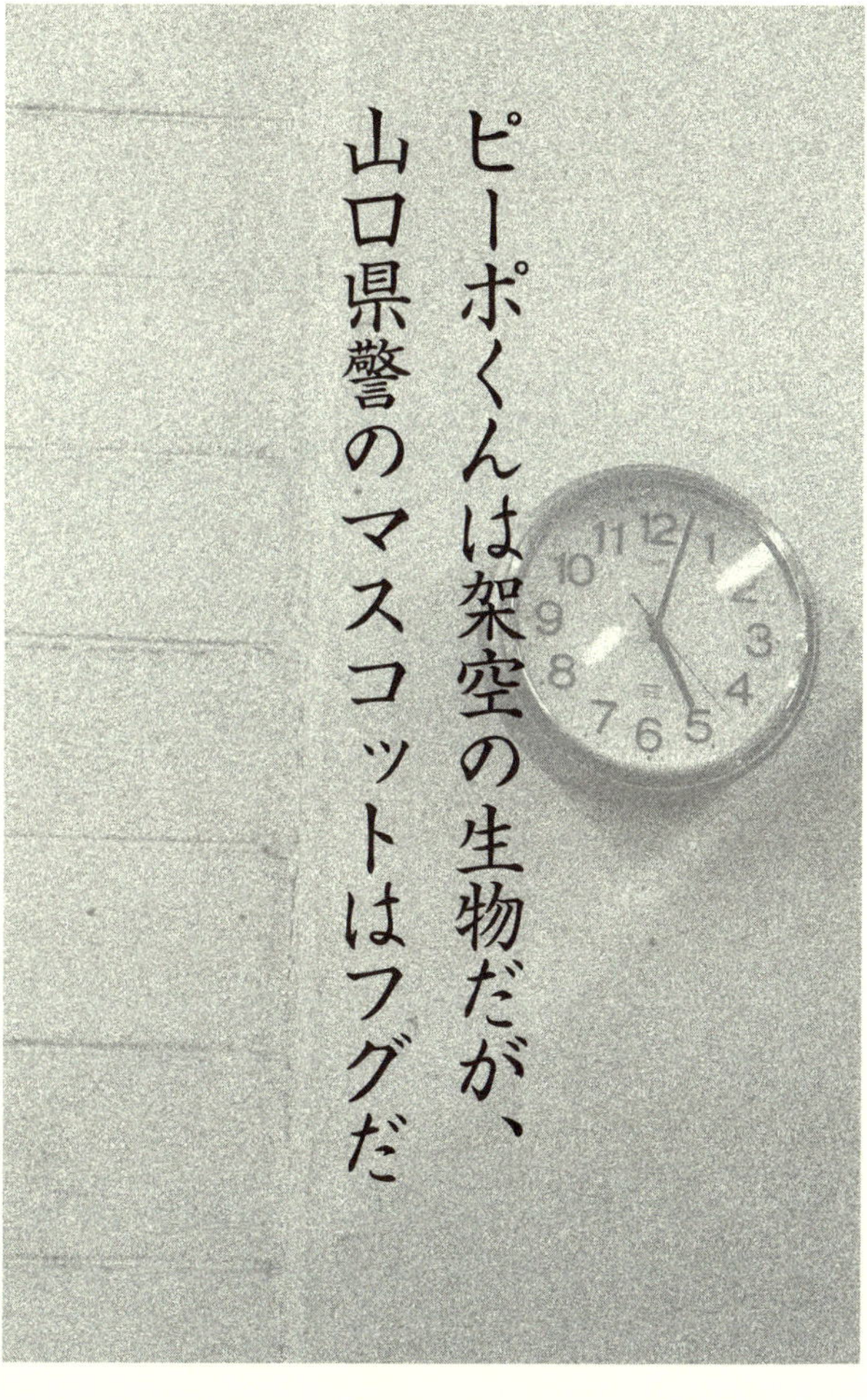

ピーポくんは架空の生物だが、山口県警のマスコットはフグだ

「ふくまるくん」。いうまでもなく、フグは山口県の名産品。
※警察マスコットは動物を**擬人化**したものが圧倒的に多い。

山梨県警は山だ

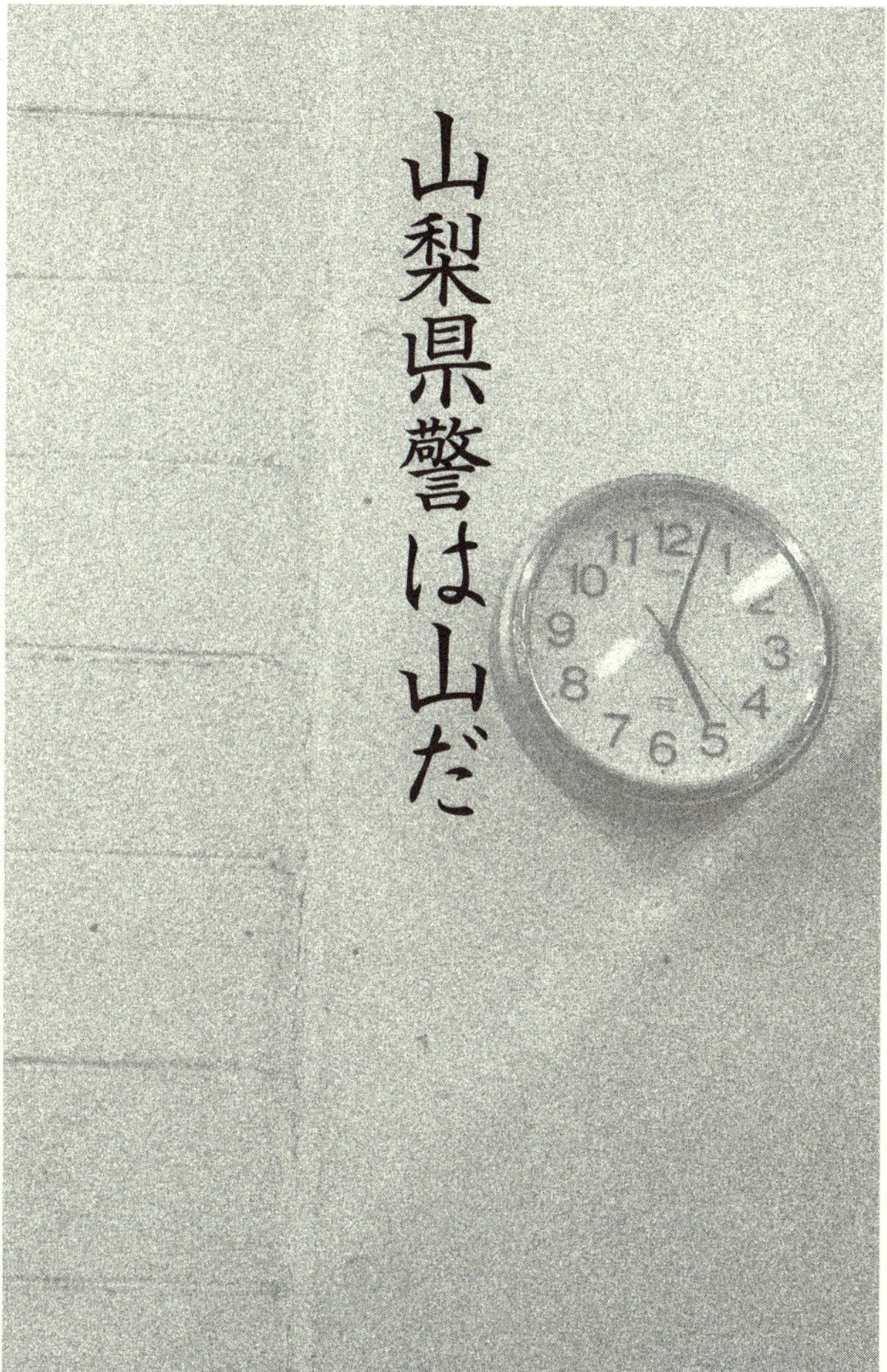

「ふじ君」。

※富山も**山**。「立山くん」。

※動物以外は他に、静岡県警の「サッカーボール」、新潟県警の「米」、愛媛県警の「みかん」、長崎県警の「ロボット」など。

鹿児島県警では、県警ブランドの酒を売っている

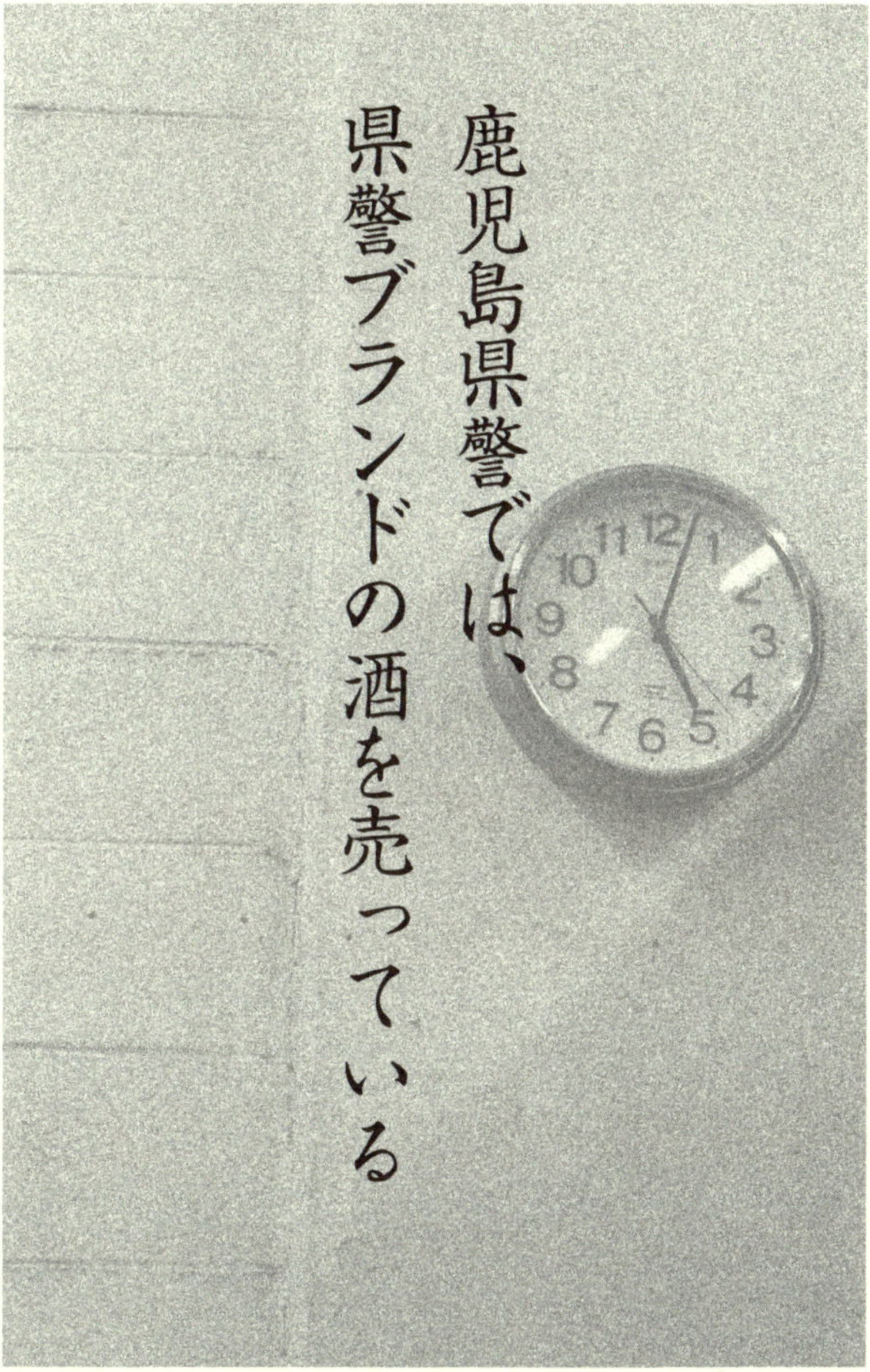

酒の種類は、土地柄もちろん焼酎《しょうちゅう》。四合瓶一本、千百円（消費税別）。名称は「巡査殿《じゅんさどん》」。同県警では「PRのため」、他にハンカチ、帽子、健康茶、砂時計、箸《はし》、デキャンタ（商品名はデカンタ）等の県警グッズも売っている。名称もそれぞれ凝っているが省く。

※全国発送可。

機動隊カレンダーがある

非売品。年末、関係各所に配る。このあたりの**慣習**は一般の会社と同じ。

※婦警カレンダーもある。一枚もの。モデルにはタレントを起用する。平成十五年版は末永遥《すえながはるか》。消防庁、防衛庁、国税局等のポスターに軒並み登場している売れっ子。映画「バトルロワイヤル2」などにも出演。

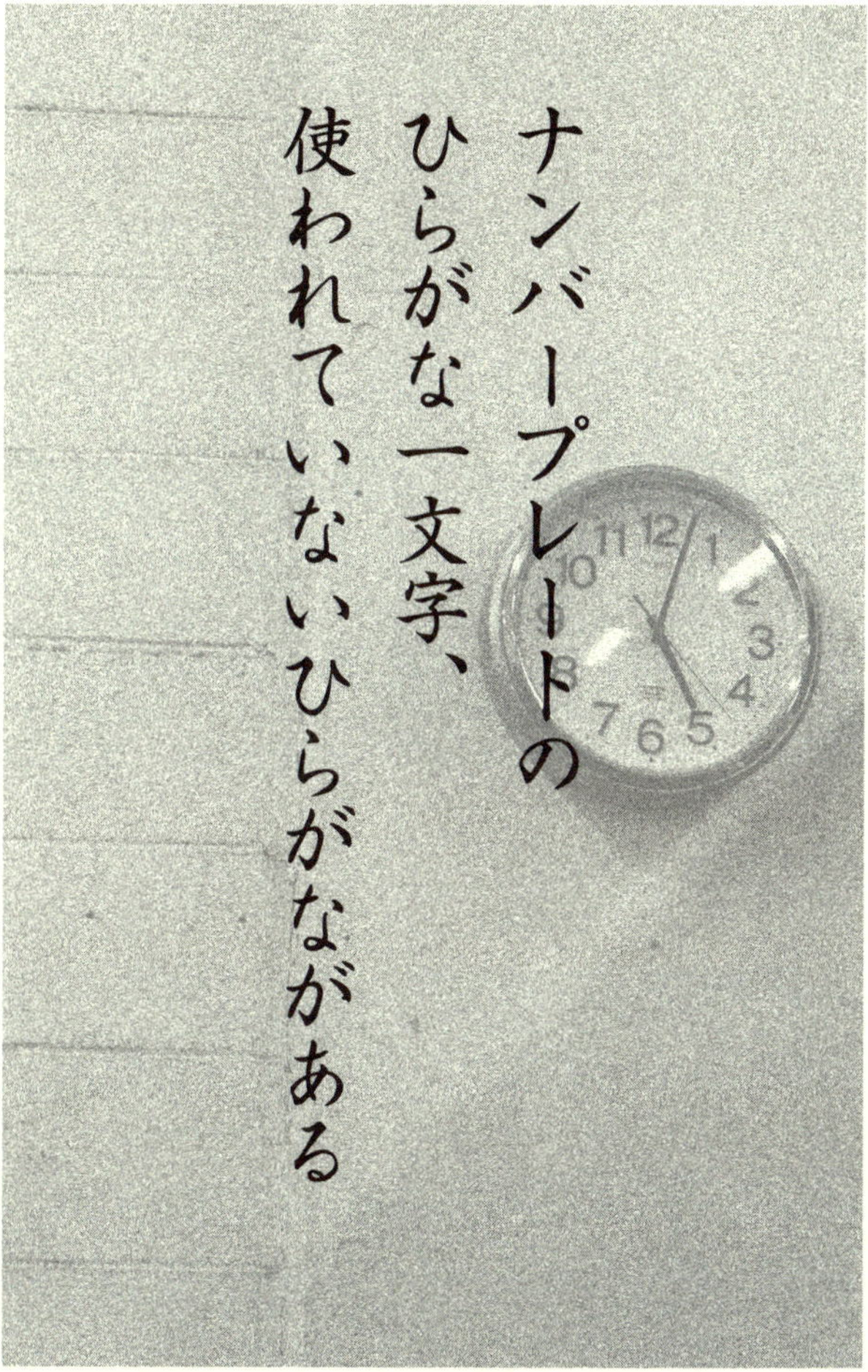

ナンバープレートのひらがな一文字、使われていないひらがながある

「お」「し」「へ」「ん」の四文字は使用されていない。ナンバープレートは車の**識別**のために設置を義務付けているもの。表記や音が紛らわしい文字は使われない。

※「れ」と「わ」はレンタカー。

刑事は名刺を相手に渡さない

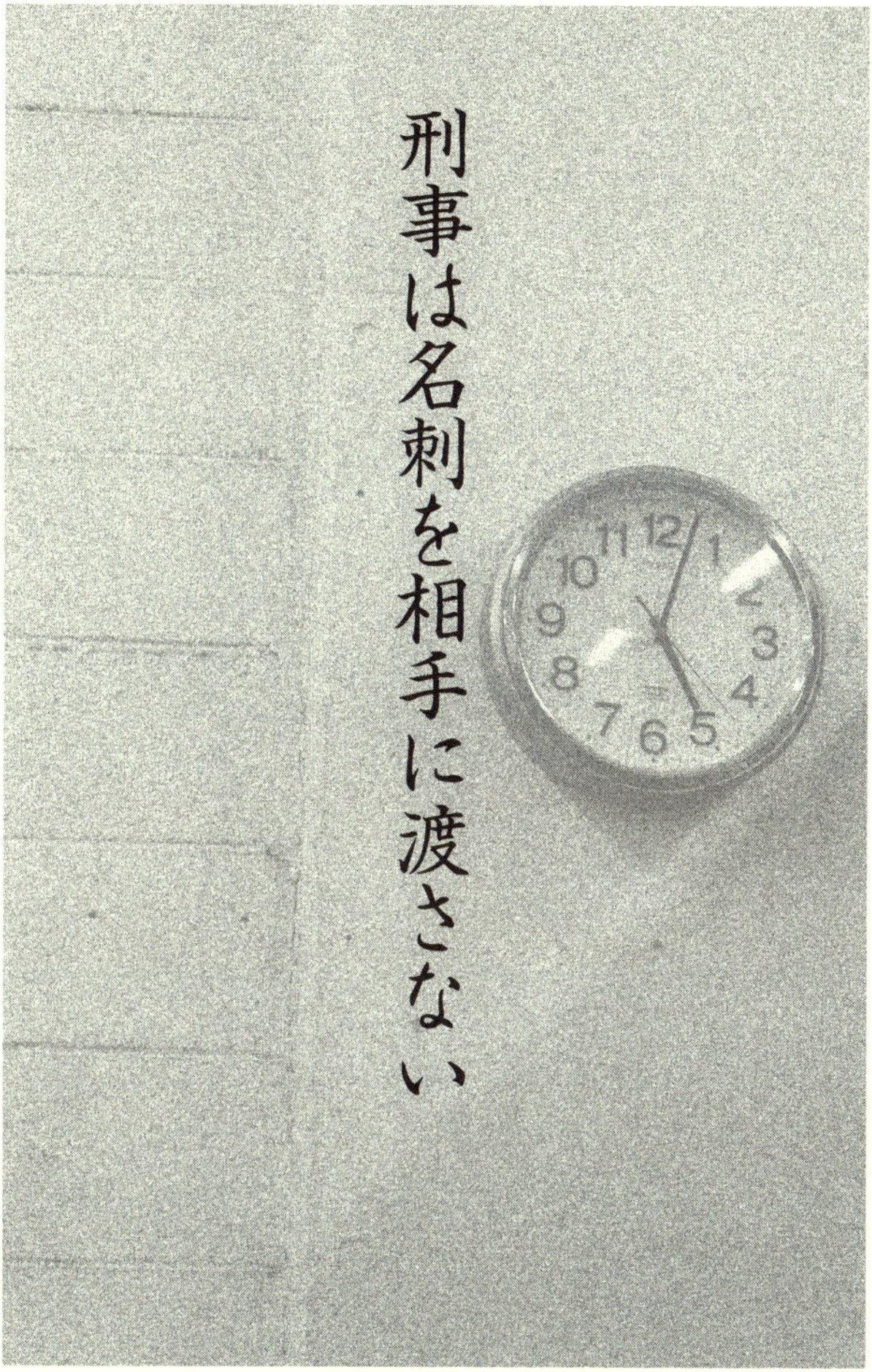

日本は名刺社会。名刺さえあれば、**身元確認**をせずとも先方の職業を信用してしまう。警察官だと名乗られ、さらに名刺まで手渡されれば、それはなおさらのこと。そこに付け込んでの詐欺《さぎ》や窃盗、脅迫、またわいせつ事案も起こり得る。悪用防止のため、警察官は名刺の扱いには慎重。刑事が聞き込み等でいちいち名刺を配ることは、まずない。

※捜査本部用に特化した名刺がある。**情報提供**を呼びかけるため。

※平成十四年十月から警察手帳が新しくなった。六十七年ぶりのこと。黒革の手帳を開くと、写真入りの身分証明と警察章が表示される。

鑑識編

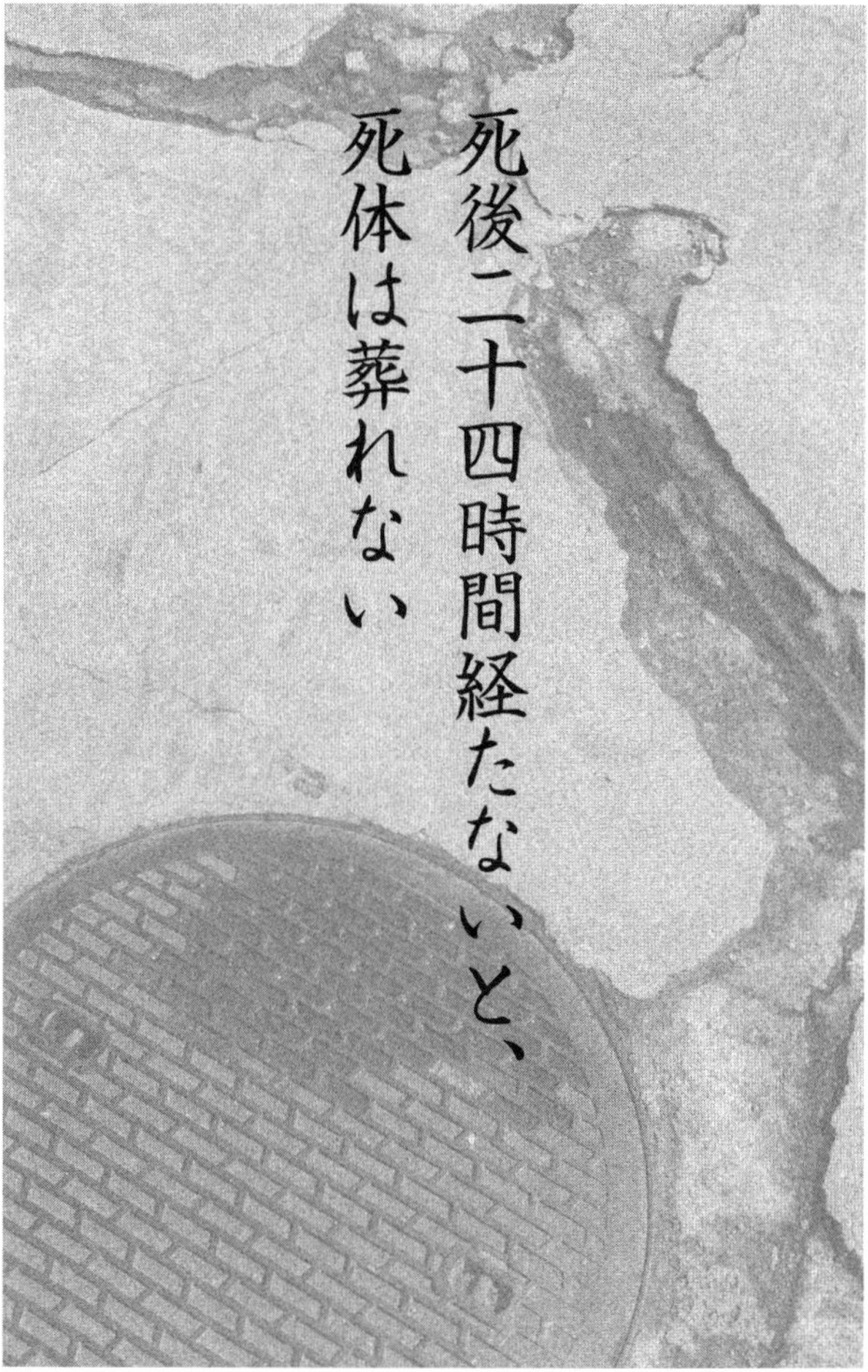

死後二十四時間経たないと、
死体は葬れない

昭和二十三年制定の「墓地、埋葬等に関する法律」で決められている。蘇生《そせい》する可能性があるため。また身元確認の間違いを避けるという意味もある。

※**死産**（妊娠七ヶ月未満）は葬《ほうむ》れる。

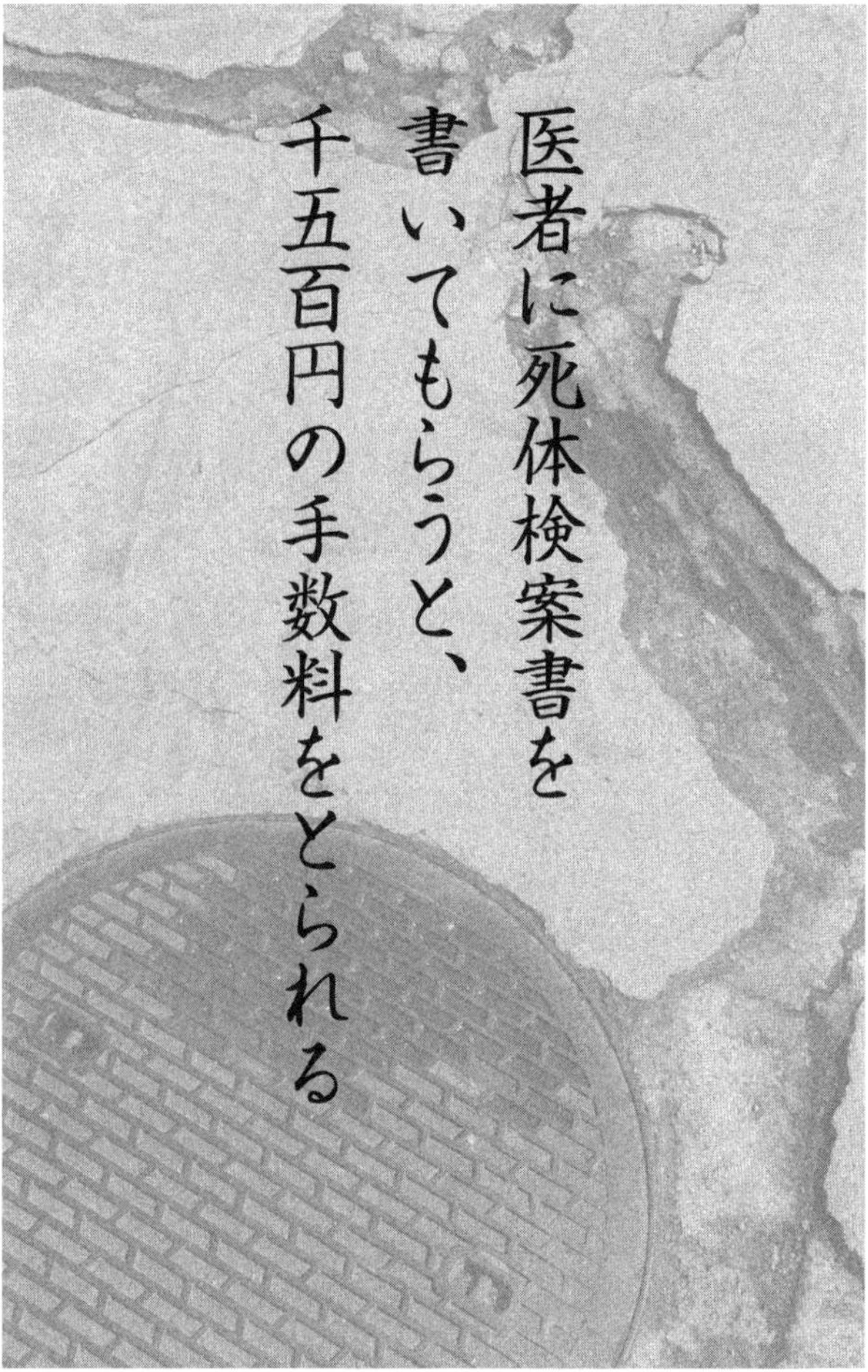

医者に死体検案書を書いてもらうと、千五百円の手数料をとられる

死体は警察官による検視の後、医師に委《ゆだ》ねられる。その際、医師の手で書かれるのが**死体検案書**。明らかな自殺、病死、自過失はここで作業が終了する。東京都の場合、条例で検案書交付の手数料は千五百円。この手続きをもって通常はこの後、死体は無事、埋葬されることとなる。ただし、死因不明の死体、犯罪の疑いが残る死体は解剖にまわされる。東京の区部、大阪市、横浜市、名古屋市、神戸市では**監察医**制度が設けられており、知事の権限で解剖が行われる。これは犯罪だけでなく、伝染病、中毒、災害等も想定した制度。これ以外の地域では、解剖にあたっていくつかの手続きが必要となる。
※監察医制度は以前、京都市と福岡市にもあった。

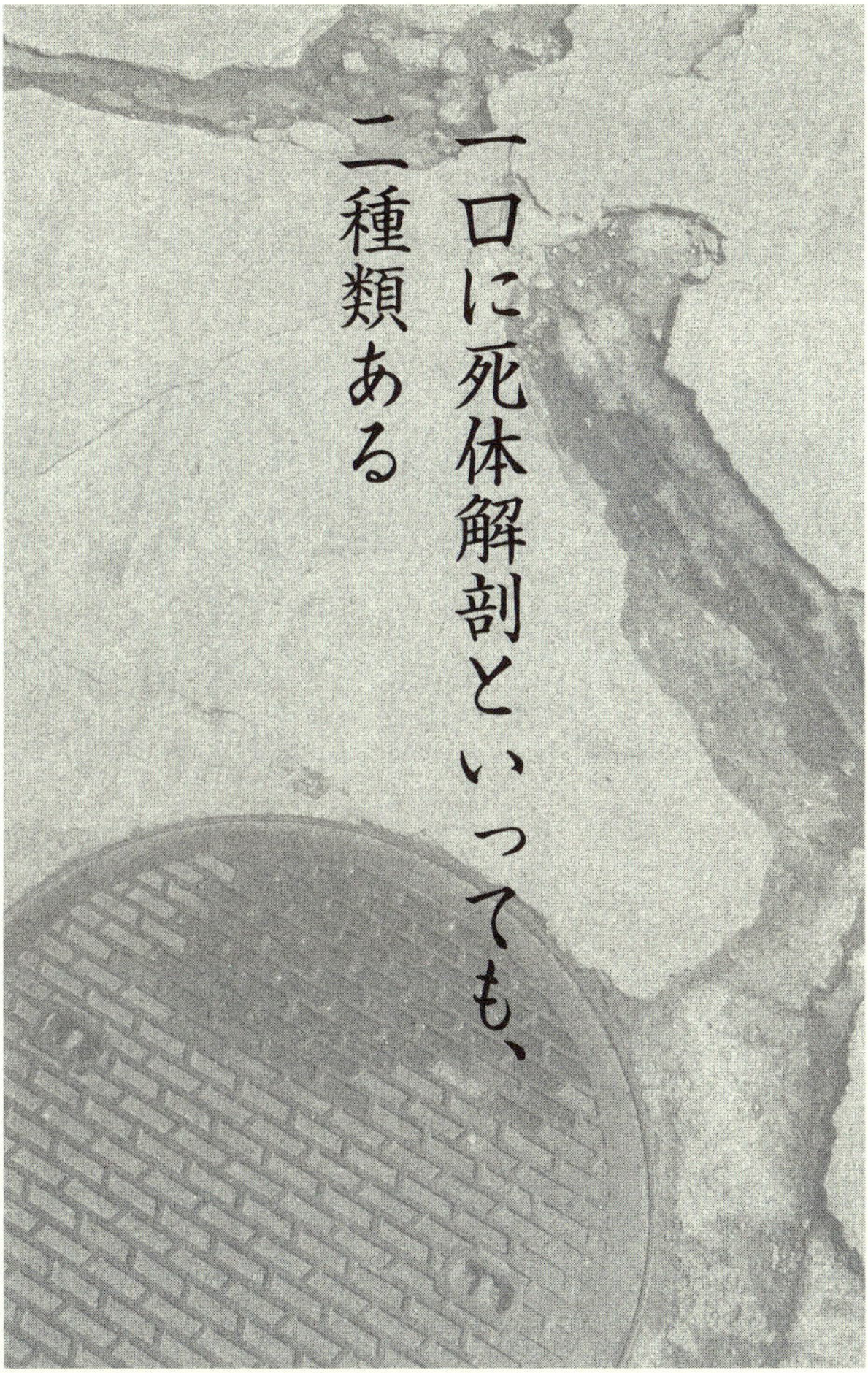

一口に死体解剖といっても、二種類ある

変死体の解剖には司法解剖と行政解剖のふたつがある。前者は刑事訴訟法に基づく犯罪捜査上の強制処分であり、裁判官の許可で行われる。一方、後者は**「死体解剖保存法」**により、当該地区の保健所長の許可、遺族の承諾が必要（監察医制度が置かれている地域ではその手続きが不要）。大学病院等に属さない医師が解剖を希望する場合、あらかじめ申請が必要となる。その際の手数料は「死体解剖保存法施行規則《せこうきそく》」で九千四百円と決められている。厚生労働大臣の認定を受け、その後、解剖医の**名簿**に名が掲載される。

※監察医のいない市町村では、こうして町医者が嘱託医として登録されている。

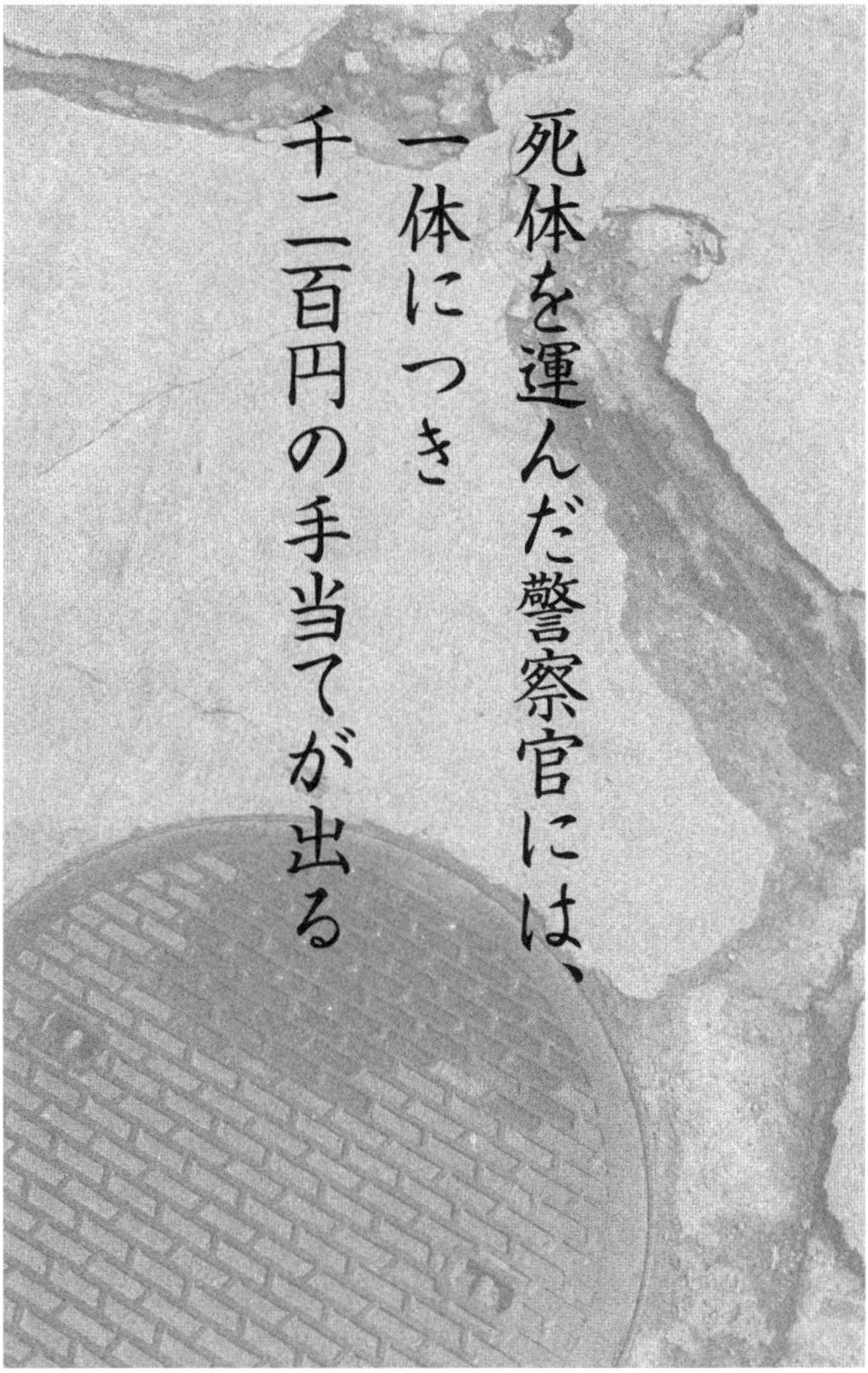

死体を運んだ警察官には、一体につき千二百円の手当てが出る

東京都の場合。特殊勤務手当てとして条例で定められている。死体の収容、運搬は一体当りにつき通常死体で千二百円、**腐乱死体**なら二千四百二十円、手当てが付く。検視又は見分に従事すれば、通常で千三百七十円、腐乱二千七百四十円。解剖に立ち会っても同額。ただしその人数が決められている。収容、運搬は四人まで、検視、見分、解剖に関しては三人までにしか、手当ては支給されない。他に、夜間緊急招集手当て、一回千三百円。**泥酔者保護施設**で看守をすれば日額三百三十円。爆発物等処理手当て、一件五千四百円。小笠原《おがさわら》警察署業務手当てもある。

※大阪府では死体を扱えば、通常死体で千六百円。

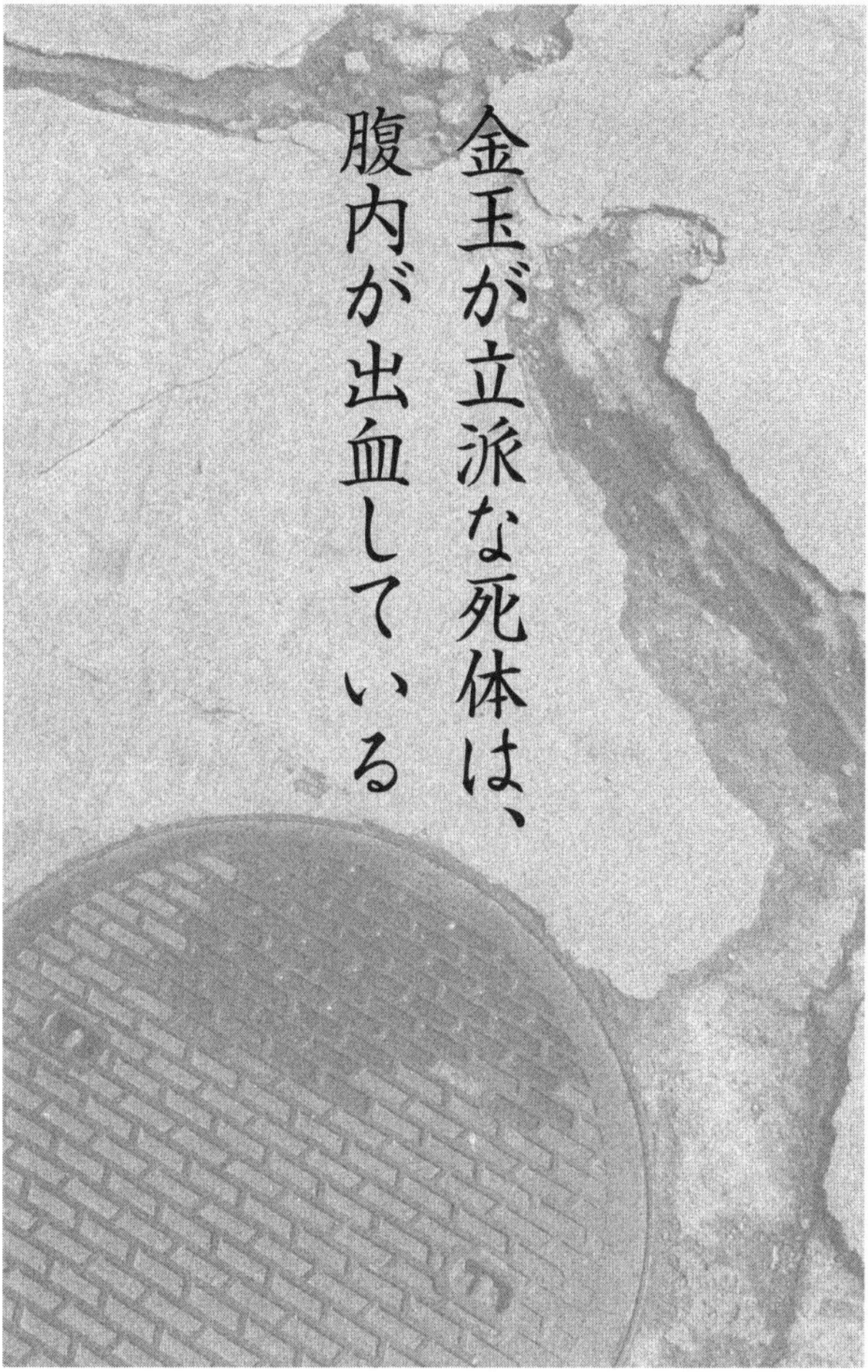
金玉が立派な死体は、
腹内が出血している

変死体が発見された際、それが犯罪によるものか否《いな》かを見極めなければならない。**事件性**があれば、解剖の必要が生じるからだ。そこでまず、現場で警察官による検視が行われる。死体を全裸にし、細部にわたるまで調べ、死斑《しはん》、硬直、出血、溢血《いっけつ》等々の死体状況から犯罪性の有無を推測する。外からの観察であるから、身体細部の形状や匂い、触感などが重要な決め手。殺人であっても見た目にはきれいなケースも多い。強い圧力が加わったために起きた骨盤骨折や腹腔《ふくこう》内出血の場合、陰嚢《いんのう》には多量の**血液**が溜《た》まる。

※検視の基本は「見る、触る、嗅《か》ぐ」。

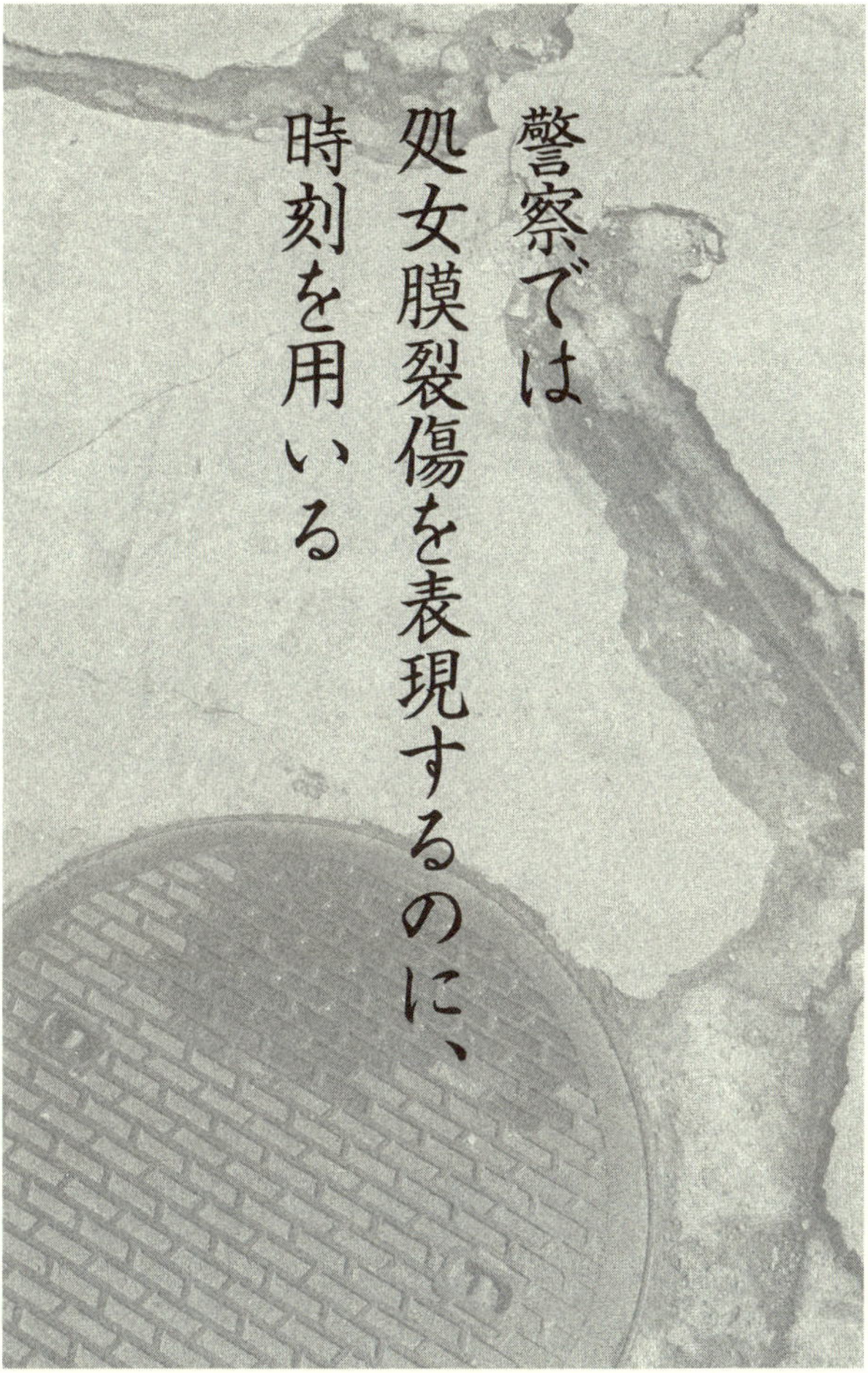

警察では
処女膜裂傷を表現するのに、
時刻を用いる

検視の際、陰部も確認する。死亡すると**括約筋**などの筋肉が弛緩《しかん》するから、死体は大小便を漏らしているが、その形状や出血の有無などから判明することも多々ある。大便が黒くタール状なら胃腸の出血、黒ずんだ尿はクレゾール中毒を疑う。同時に、性器周辺もよく調べる必要がある。被害者が女性であれば、精液漏出の有無、また性器損傷の有無が検視上重要なのは言うまでもない。処女の場合、どの方向に**傷**を負っているかを時計の短針で言い表す。

※肛門側、四時と八時が多い。

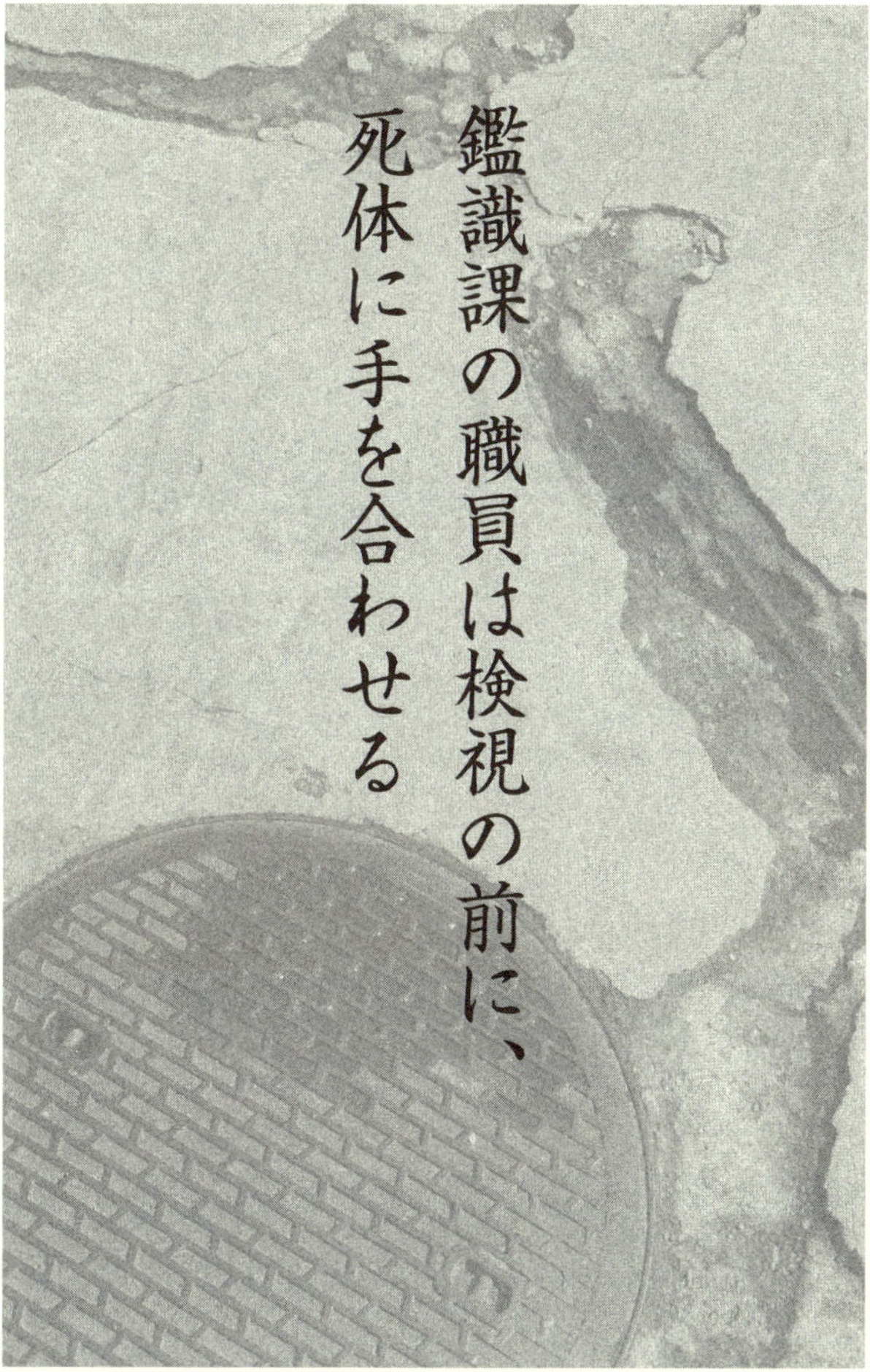

鑑識課の職員は検視の前に、死体に手を合わせる

よく言う「検死官」とは、刑事部鑑識課に属する専門職。刑事調査官と呼ばれる。十年以上のキャリアを積み、かつ大学などで**法医学**の研修を終えた、警視以上の者でなければ任命されない。警察官数四万二千人の警視庁でさえ、八名のみ。殺人か自殺か、その判断が難しい変死体や、どう見ても殺人事件だという場合、現場でさらに綿密な検視が行われる。殺人事件では、早い段階で死因を明らかにすることがその後の捜査を大きく左右する。事件性がないことが明白ならば**出動**しない。死体に敬意を払うことから、検視は始まる。
※外での検視の場合、邪魔にならない範囲で線香を焚《た》くこともある。

死体は顎から固まる

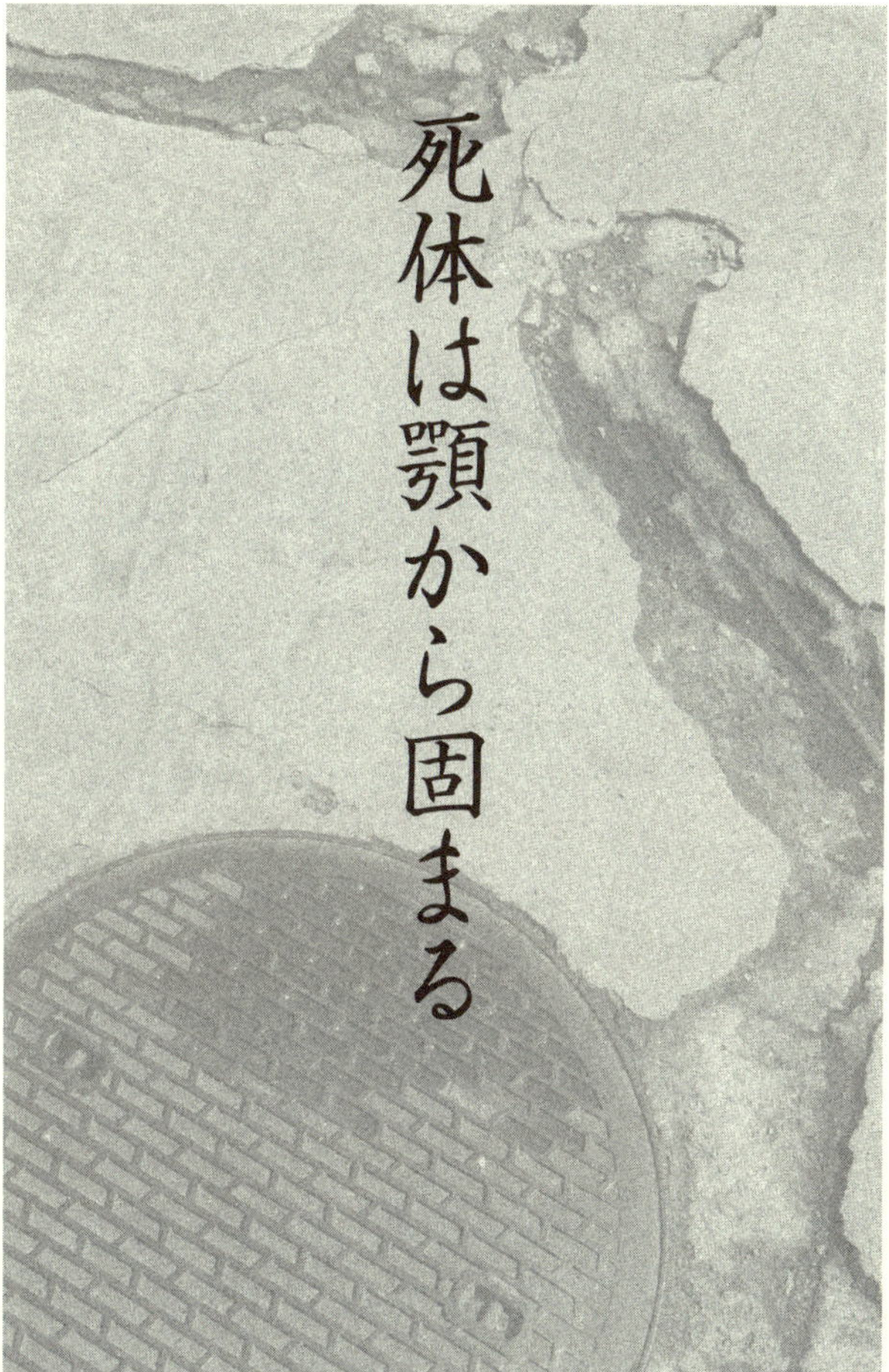

死後、いったん緩んだ身体《からだ》は、その後、一転して徐々に強張《こわば》っていく。筋肉が固まり関節が動かなくなる、いわゆる**「死後硬直」**である。通常、死後二時間ほどで耳の下、顎《あご》の関節から始まり、その後、首、肩、胸、肘《ひじ》、股《また》、膝《ひざ》と、身体上部から下部へと進行していく。手や足の指が最後。**十五時間**経過頃が最も硬い。

※このため刑事は現場でまず死体の顎を見る。

※筋肉質の人は強く固まる。

人間は死後三日で、身体の容積が倍になる

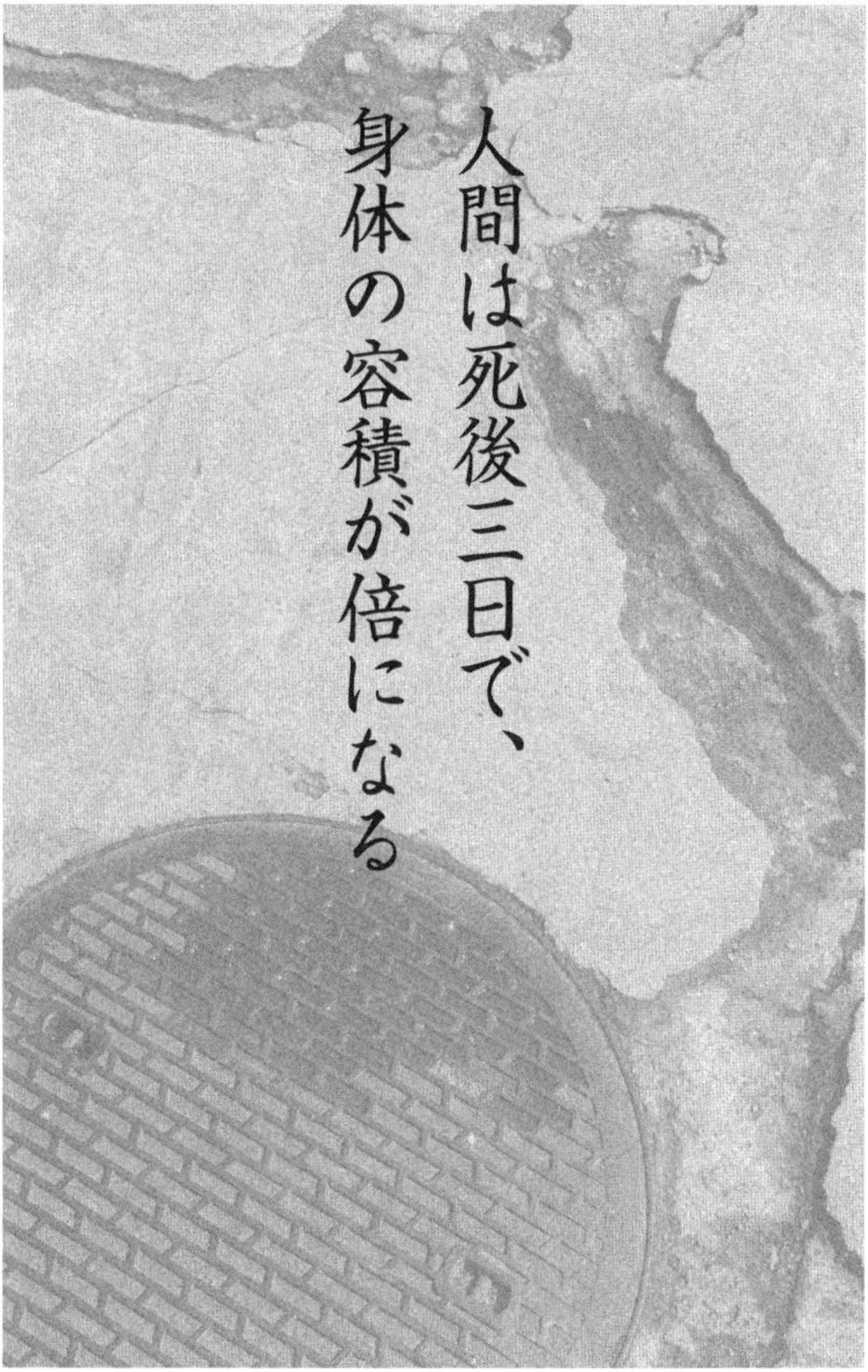

死後硬直を経た後、死体は腐敗を始める。季節や天候、環境等によって大きく異なるのだが、おおむね五十時間後からといわれる。腐敗は**消化器系臓器**に生前から存在していた、細菌類によって引き起こされる。自己の持つ酵素の作用も加わる。結果、腐敗ガスが体内に充満する。これを「巨人様化」と呼ぶ。腹部だけでなく、顔面や胸部、陰部、そして上肢下肢にも及び、身体全体がパンパンに膨らむ。およそ、本人と確認出来ないほど**膨張**する。

※溺死体《できしたい》は膨張が特に酷《ひど》い上、水流で揉《も》まれ髪の毛などが抜け落ちる。
このため見た目からだけでは、男女の区別すらつかない。

※刺殺の場合、ガスが傷口から漏れ、膨らまないこともある。

※肥満者は腐敗が早い。

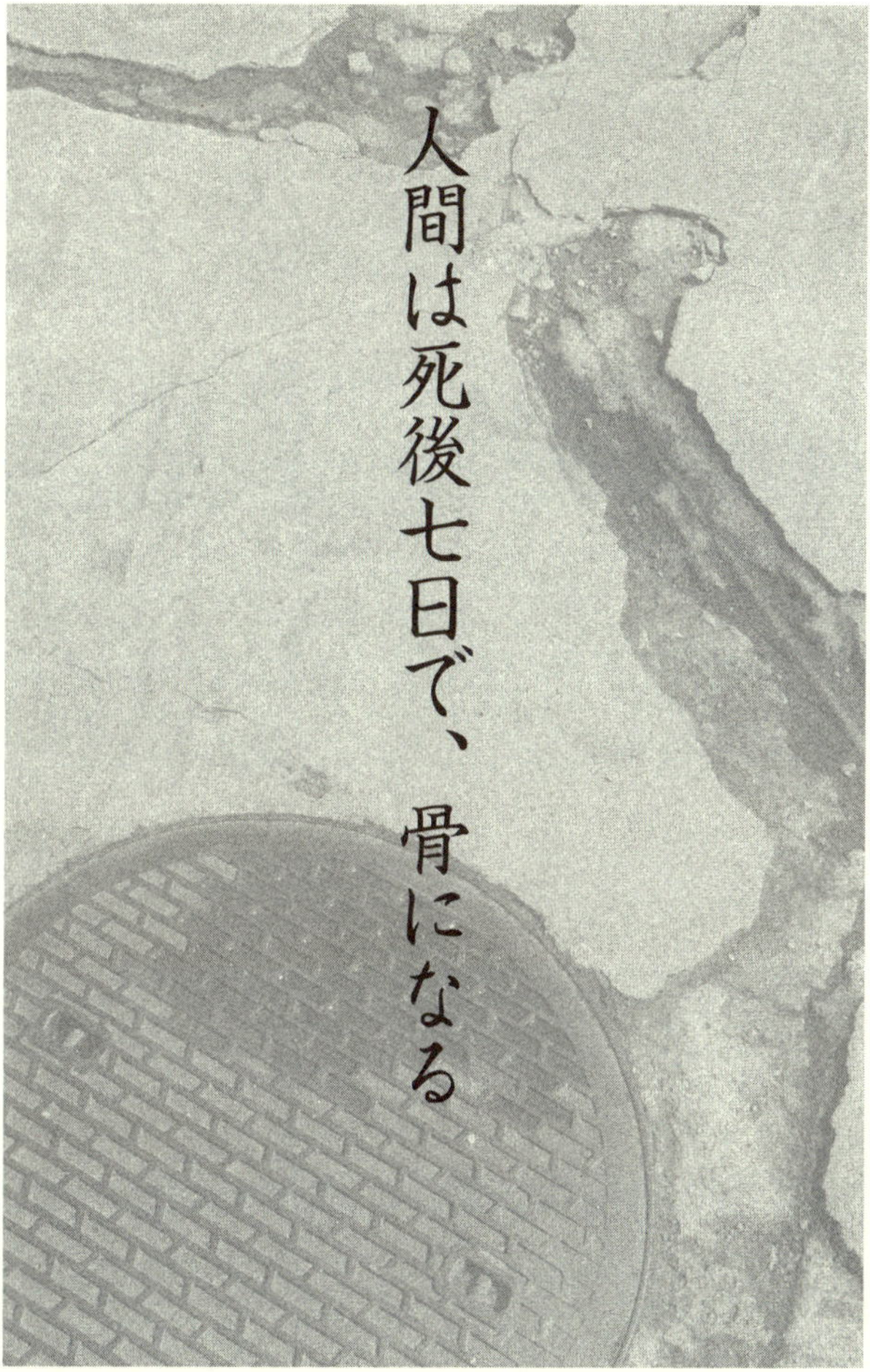
人間は死後七日で、骨になる

腐敗の後、細胞組織は融解する。後には骨だけが残る。通常死体で約一年と言われるが、これも死体状況によって開きがある。自然環境の中で昆虫や小動物によって**損壊**された場合は、そのスピードも速い。また高気温下で死体に蛆《うじ》が大量発生し、一週間程度で白骨化したと見られるケースも報告されている。

※夏は早い。

死体は石鹸になる

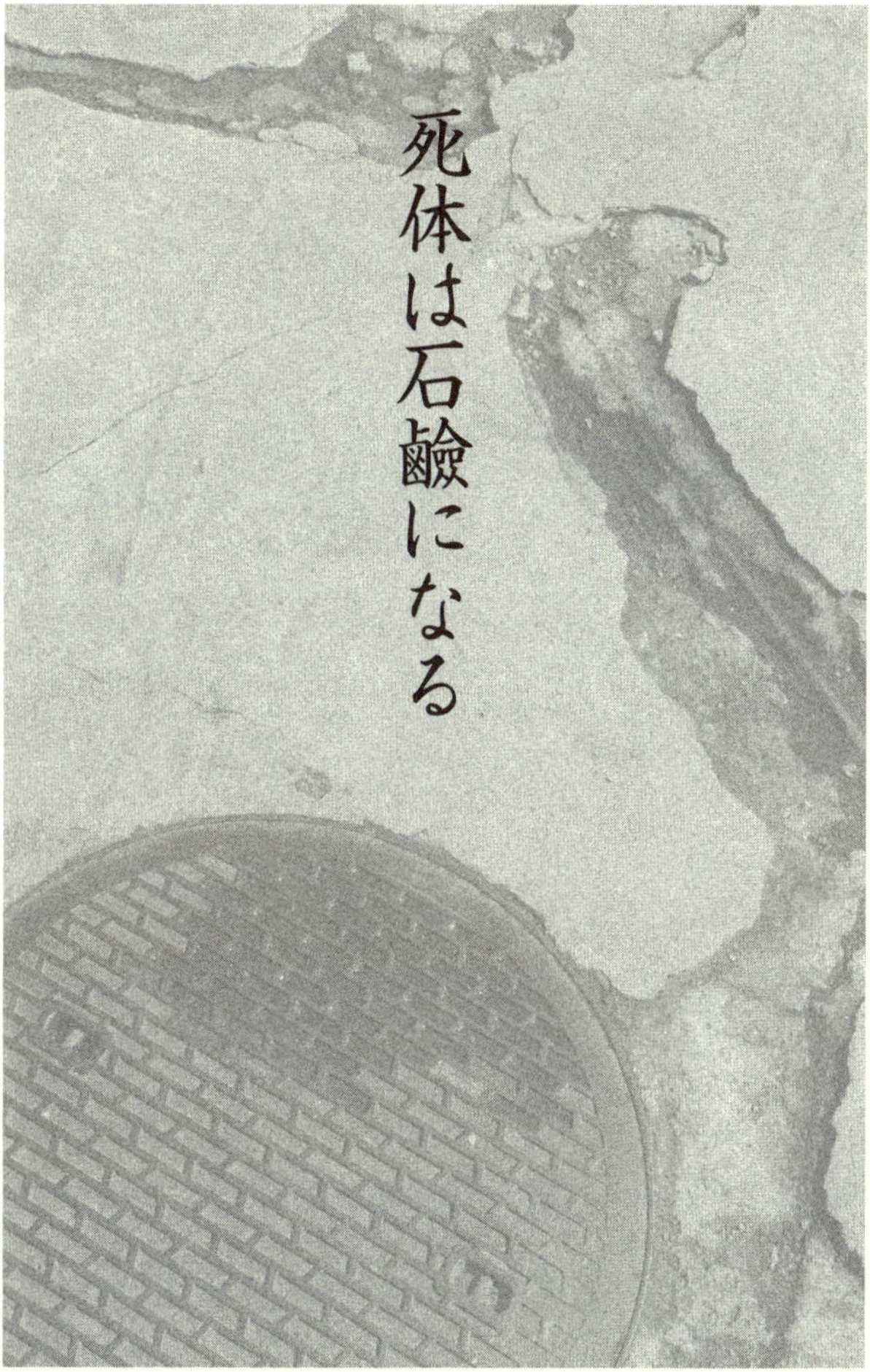

池などの流れの穏かな水中や、湿った土中などで空気が流れていないような**環境**では、死体は腐敗しない。温度や空気が必要十分でないため、別の化学反応を起こす。脂肪分が分解し、周辺環境にあるマグネシウムやカルシウム、カリウムなどと結び付く。結果、石鹸《せっけん》と同じ脂肪酸の鹸化物となる。チーズのような白色状で、これを「屍蠟化《しろうか》」という。死体は崩壊せず、**原形**を保ったまま。

※極端な乾燥状態におかれるとミイラになる。これは水分の不足で、死体内の細菌類が活動出来ないために起きる。

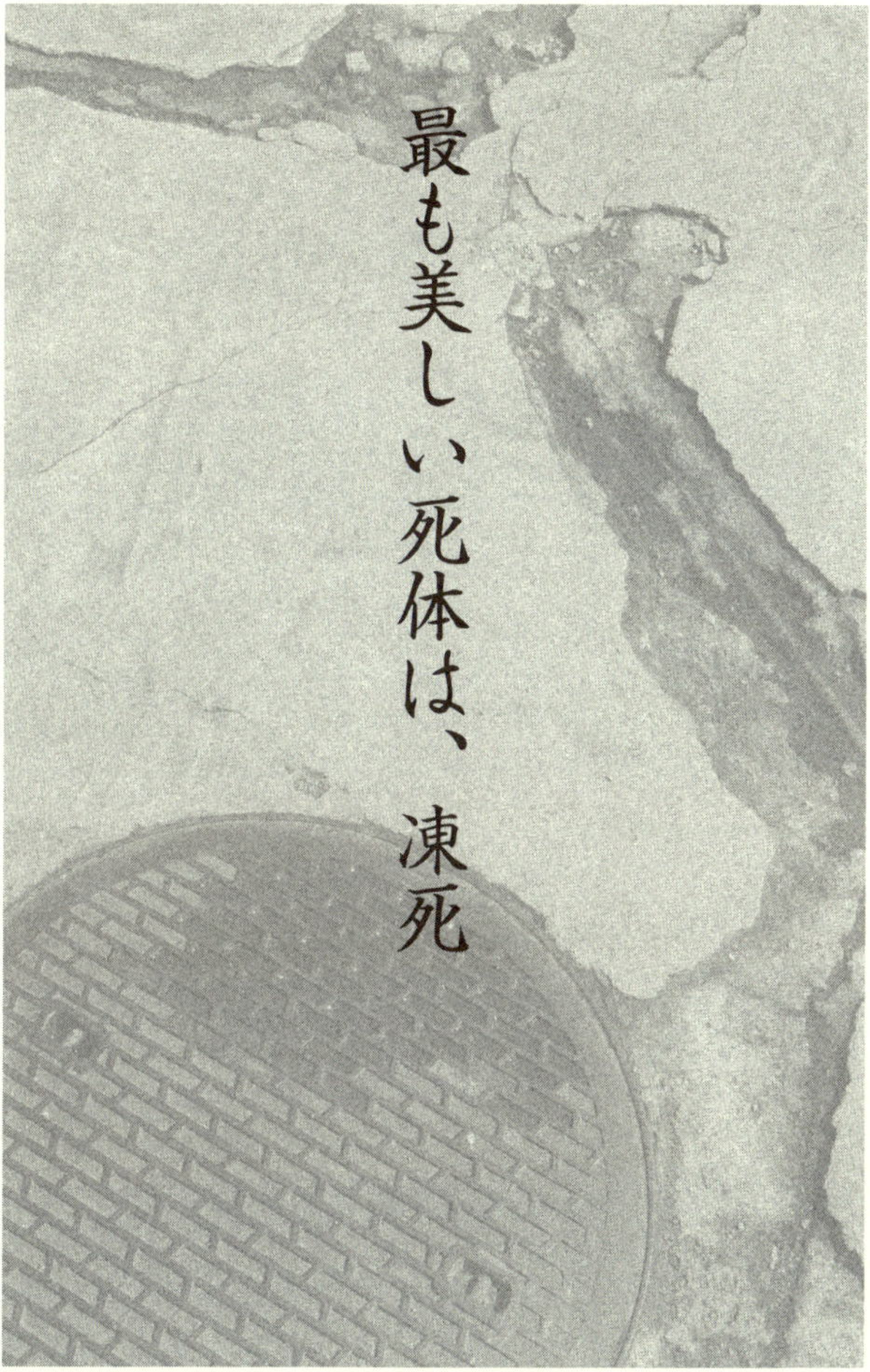

最も美しい死体は、凍死

死斑とは死後、血液が身体の下方に溜まることによって出来る**紋様**。死体現象のひとつで、死体状況によっても異なるが、死後三十分程度から発現する。死後五時間くらいまでは体位によって移動し、おおむね十二時間を経ると固定する。通常は赤紫で時間の経過とともに暗色を増す。凍死は雪山だけでなく、酩酊《めいてい》時などにも起きる。皮膚の色は蒼白《そうはく》で、死斑は**鮮やかな紅色**を帯びている。腐敗速度も通常より遅い。
※身体下方以外に死斑が認められる死体は、十二時間経過後に何らかの形で動かされたと考えられる。

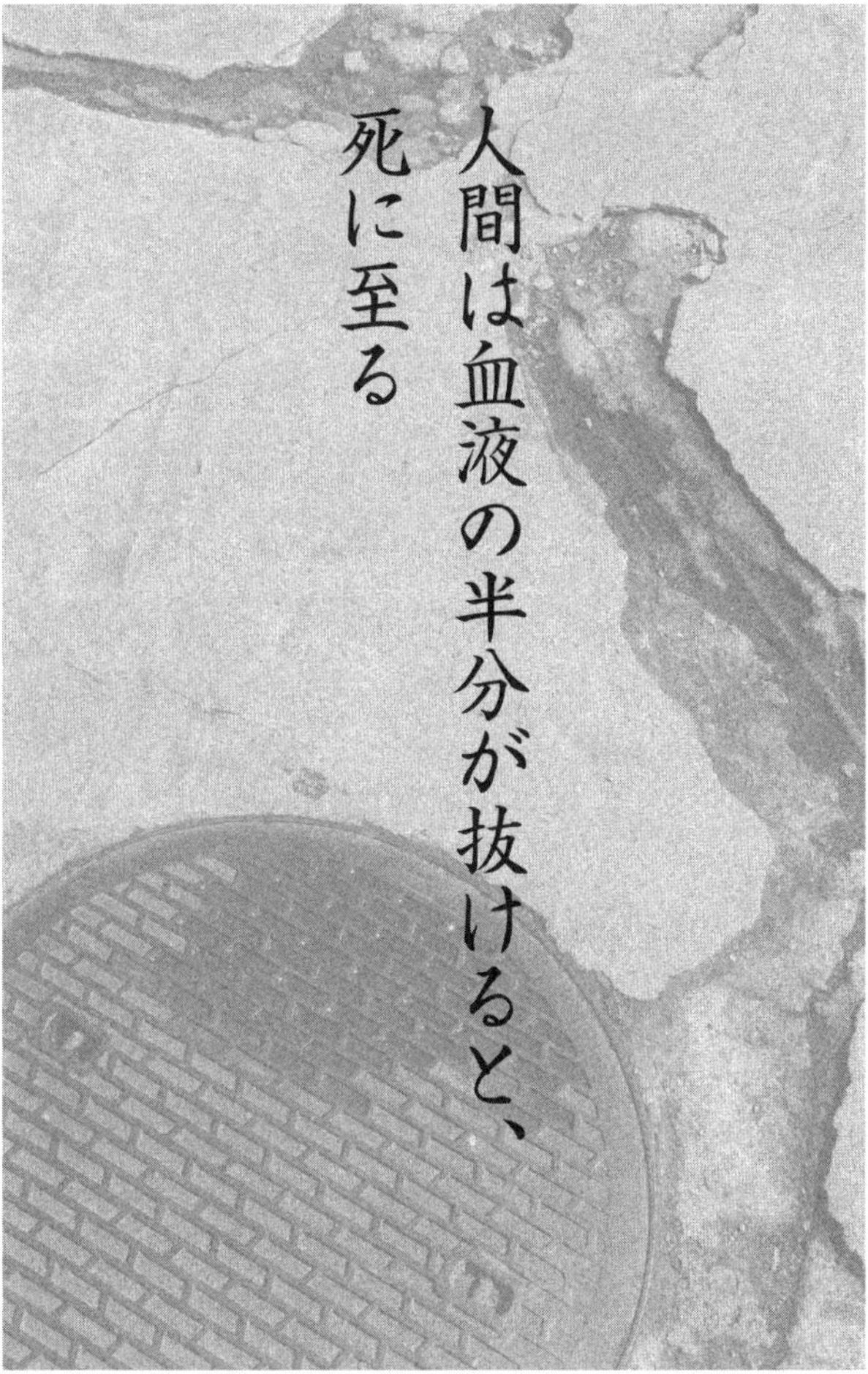

人間は血液の半分が抜けると、死に至る

人間の血液量は一般に、体重（キログラム）の十二分の一から十三分の一（リットル）。例えば体重六十キロの人なら**約五リットル**になる。全血液の三分の一の出血があれば、すでに危険な状態。半分ならまず助からない。また短時間に出血すれば、一リットルにおよそ及ばなくても、出血性ショックで死亡することがある。

※血液のことを警察隠語では「汗」という。

死体は出産する

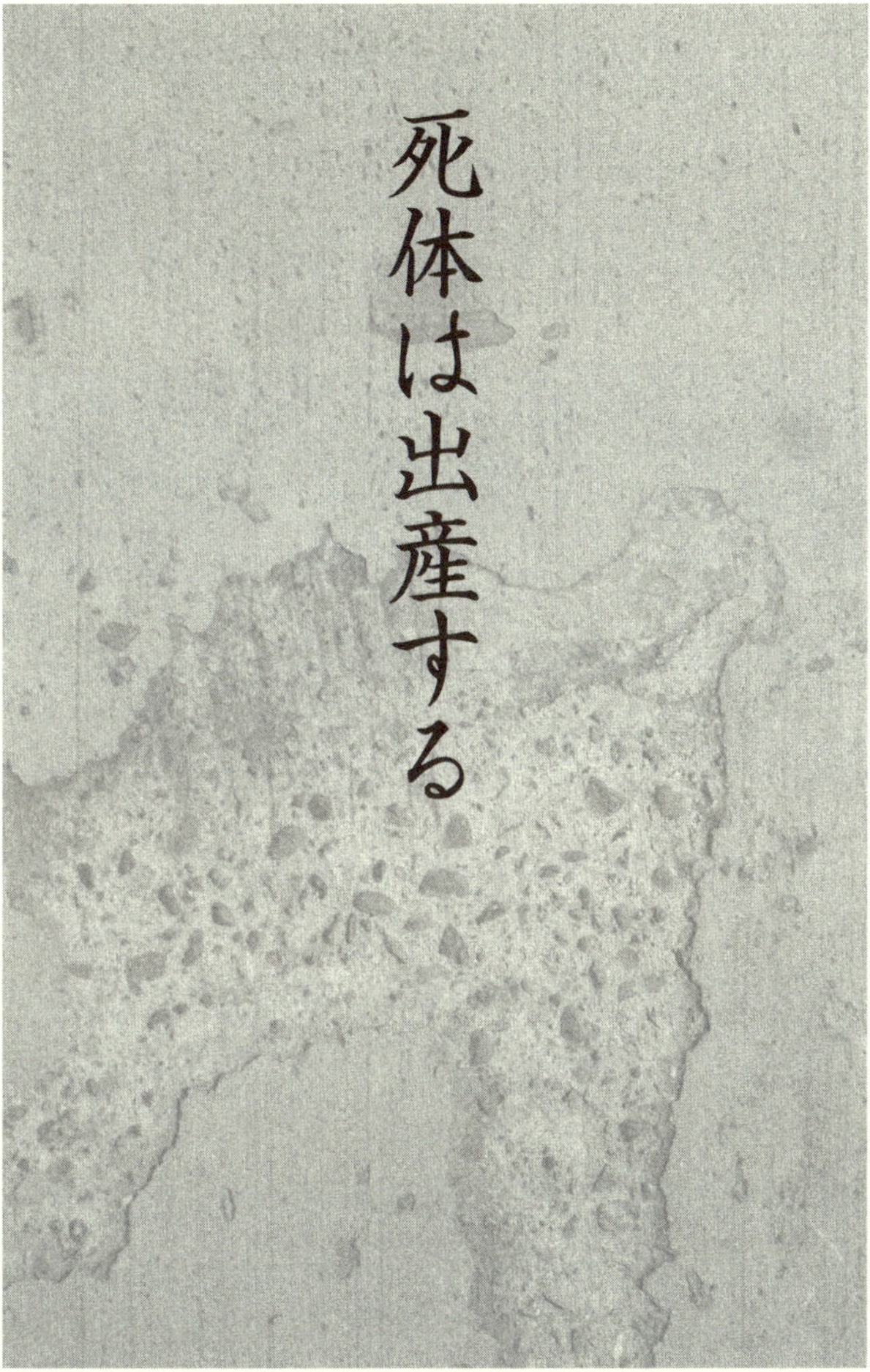

「棺内分娩《かんないぶんべん》」という。「巨人様化」した妊婦死体に見られる。腐敗ガスにより、母胎から**胎児**が押し出される現象。

※「巨人様化」により、ホテルのベッド下に隠された死体が発見されたケースがある。腐敗が進み、マットが持ち上がったためだった。それほど膨張は激しい。

死後、陰嚢は干し柿状になる

死体の変化の様子がよく見て取れるのが皮膚の薄い個所。水分の蒸発による乾燥が早く、死後三時間ほどで蒼白から褐色へと色調が変わっていく。口唇《こうしん》や粘膜部、また傷を負い出来た表皮剥脱部《はくだつぶ》などが該当する。中でも陰嚢《いんのう》は、内容物に比べて**皮膚面積**が広い。そのため乾燥が進みやすい。褐色化の後は革のように硬くなる。

※これを革皮様化という。

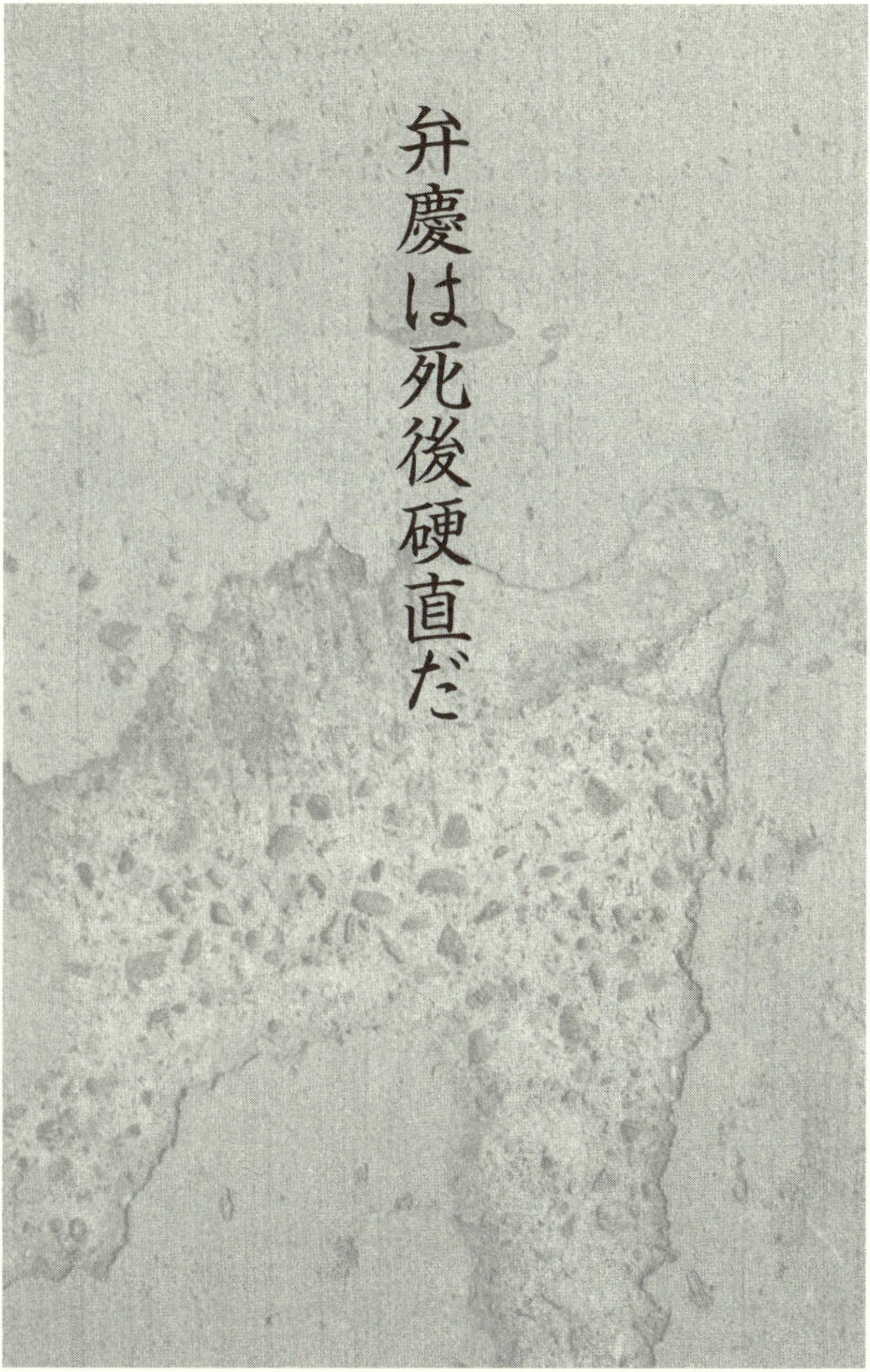

弁慶は死後硬直だ

死後硬直の中には、弛緩を経ず、死亡時にそのまま固まる珍しいケースがある。これは激しい運動の後、死亡した場合や、**脳幹部**の損傷が原因と考えられているもの。「弁慶の立ち往生」がこれに該当する。

※「ラッパの木口小平」も同様。木口は日清戦争でラッパ手を務めた。死んでもラッパを口から離さなかったと伝えられる。

※溺死体が、水草を固く握りしめていることがある。

焼け死ぬと死体は、ファイティング・ポーズをとる

火災時の熱の作用によるもの。筋肉中の蛋白質《たんぱくしつ》が固まり**収縮**するために起きる現象。ボクサーのファイティング・ポーズの様に、肘を曲げた腕を顔の前に掲げた姿勢をとる。脚部も同様に曲がる。

※死体を焼いた際にも同様。**生活反応**ではない。

※生活反応とは生存中でなければ起こり得ない身体の変化をいう。例えば、生体を刃物で傷つければ出血するが、死体ならば血液が降下しているので身体の表面を刺しても出血しない。同様に、死体を殴っても皮下出血は起こらない。

水中に捨てた死体が
浮いてくるのを避けるには、
体重相応分の重しが必要

殺人を犯した場合、困るのは**死体の処理**。結果、バラバラにする、火を点《つ》ける、土中に埋める等の方法がとられる。海や川などに捨てるなら死体が水面に浮いてこないよう、重しは欠かせない。紐《ひも》に結び付けた鉄アレイやコンクリート塊がよく使われる。この時、注意したいのがその重量。腐敗ガスが発生した死体は浮力が強く、死体の元の体重と同等、あるいはそれ以上の**重量**が必要といわれる。

※いったん水中に沈んだ死体は、その後、浮揚する。季節や水深により数時間から数十日の差が生じる。

死産か殺人かを調べるには、
嬰児の肺を取り出し
水槽に入れる

嬰児《えいじ》の死体に接した場合、その子は死んでから生まれたのか、生まれてから死んだのか、調べる方法として法医学で**採用**されている。人間は生まれてからすぐに、呼吸を開始する。肺に空気が入るから、その後、死亡したとしてもその肺は水に浮かぶ。しかし、呼吸をしていない子の肺には空気は存在せず、水中に沈む。殺人か否か、その判断の一助となる。同様に**胃腸**を取り出し、その浮揚から空気の浸入を観察する方法もある。小腸まで水に浮かべば五～六時間、大腸まで浮かべば一日は生存していたと見られる。

※死産死であっても、腐敗ガスで肺が浮かぶことがある。

首吊りは、寝ながらでも出来る

自分で首を括《くく》り、死ぬことを縊死《いし》という。自分の体重を利用した窒息死であり、日本人の**自殺**の方法としては最も多い。最近、件数が増えている自殺だが、およそ六割がこのやり方で自ら命を絶つ。高い所から完全にぶら下がる型の他、身体の一部が地面に着いているというものもある。縊死の実行には、全体重の二〇パーセント程度の重量があれば事足りる。椅子《いす》に腰掛けたまま、地べたに座ったままなどの他、一端を家具に結んだ紐を首に巻き、伏したまま事切れていたケースもある。

※綺麗《きれい》に紐が首に入ると、人は**気絶**する。そのため足が着いているからといって、途中で行為を中断することはもはや出来ない。

※最近の住居は梁《はり》がなく、ぶら下がるのには不便。

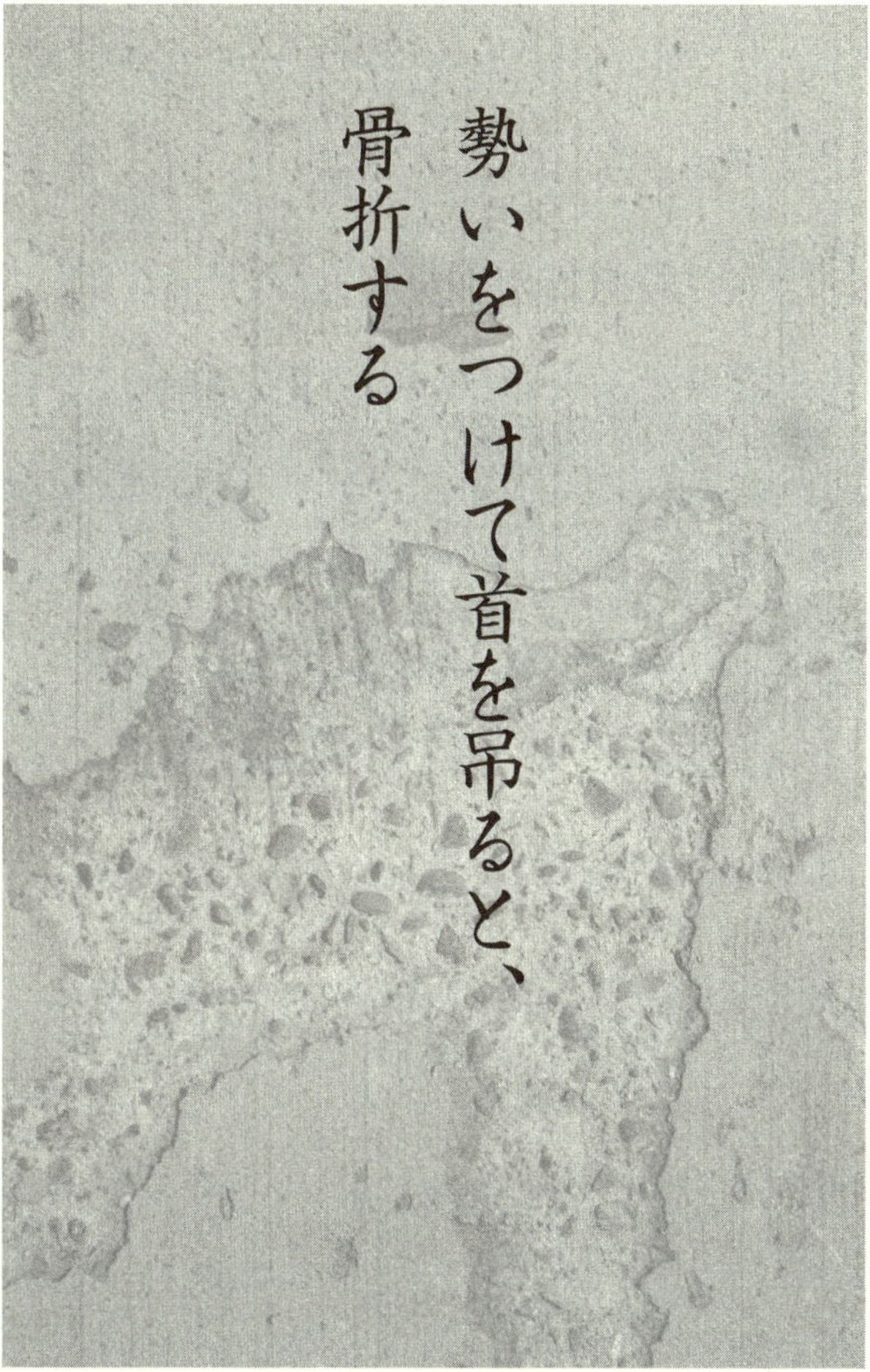

勢いをつけて首を吊ると、
骨折する

縊死には定型的と非定型的とがある。前者は紐などの**索条物**が左右対称で、喉頭《こうとう》から側頸部《そくけいぶ》を後上方に向かい、首の後で結節を作っている。足も地面から離れている、いわゆる首吊《くびつ》り自殺の典型。瞬間、紐一本に全体重がかかる。さらにジャンプするなどの勢いも加重される。結果、重みに耐え切れず、紐が切れるなどの「失敗」が生じることがある。だからといって頑丈なロープを用いた上、勢いを付け過ぎると、その負担が身体にかかり頸椎《けいつい》骨折などを招く。暴れても同様。**死刑執行時**に多く見られる。

※脳細胞の酸素欠乏が五分以上続くと、脳機能は元に戻りにくいとされる。いったん破壊された脳細胞は、二度と回復しない。

※非定型的とは紐の位置がずれている、足が着いているなど、定型的以外を指す。自殺以外の可能性も高くなる。

※ワイヤーなどを使用すれば、加重によっては首が切断される。

紐などで首を絞められた時、
もがいて出来る
首の引っ掻き傷の名前は、
吉川線という

絞殺《こうさつ》とは頸部《けいぶ》に紐《ひも》などの索状物を巻いて引き絞め、死亡させること。一方、扼殺《やくさつ》とはやはり**頸部**を絞めるのだが、道具は使わず、手や腕で圧迫してのものをいう。ともに窒息死。扼殺はまず他殺と考えて問題ないが、絞殺は自絞死（自殺）と判断を間違わないように気をつける。首を絞められた際、人間は加害者の手や巻きつけられた紐などをもぎ取ろうとして必死になる。爪《つめ》をたて、自らの頸部には**縦に走る傷**が出来る。これを吉川線と呼ぶ。他殺の特徴。

※大正時代、警視庁の鑑識課長だった吉川澄一《よしかわちょういち》が着目、その名がついた。

溺死は水溜りでも出来る

溺死《できし》は気道が液体で塞《ふさ》がり起きる窒息死。皮膚の色は蒼白、死斑は赤みを帯びている。手や足はふやけて皺《しわ》が出来ていることが多く、発見まで時間がかかれば手袋のように皮膚が**離脱**する（これを蟬脱《せんだつ》という）。また水と空気とが気管支内で混じり、ここに本人の粘液が混じるため、鼻や口から細かな泡をふいている。巨人様化も激しい。海や川、池などに沈む水中死体が一般的だが、風呂場も危ない。入浴中の心臓疾患、脳出血、一酸化炭素中毒等の要因による溺死は多い。**泥酔**も注意が必要。路面や側溝などの水溜《みずたま》りに顔面を浸し、溺死するケースは珍しくない。

※幼児が頭からバケツにはまり、溺死することもある。

凍死死体は、全裸で発見されることがある

寒さのために体熱が奪われ、体温が下がり始めると、身体機能は徐々に低下していく。同時に疲労感、倦怠感《けんたいかん》を感じ動きが鈍くなり、思考力も**減退**する。さらに体温が低下すると、幻覚、幻聴などの精神障害を起こす。神経感覚も狂い出し、寒さを感じないどころか、猛烈な暑さを感じ、衣類を脱いでしまうことがある。体温が三十度近くまで落ちれば意識は混濁、深い眠りに落ち呼吸中枢、心臓中枢の**麻痺**により死亡する。

※酩酊《めいてい》は危険。アルコール摂取により血管拡張が起きるため、体熱が放散しやすい。屋外等で寝込み、そのまま死亡するケースは後を絶たない。

精子は放置しておくと、頭部と尻尾が離れる

残留精液は捜査の大きな決め手。微量でも、血液型やDNAなど犯人に関わる情報が詰まっている。ひとつの精子の長さは五十ミクロンほど。一回の射精で**一億個体**が放出されると言われている。生体の膣内《ちつない》からはペーハーの影響で二日ほどで消えてしまうが、死体であれば、半月ほど経過しても検出される。劣化は射精後から始まるから、精子の崩壊の様子を観察することで、強姦《ごうかん》殺人などの犯行日を割り出せる。精子はその死後、頭部と尻尾《しっぽ》が離れ、それぞれが**融解**していく。

※一ミクロンは千分の一ミリ。

夏の蟬の三日は人間の一生だが、
空気中での人間の死体の一日は、
土中での八日に相当する

死体のおかれた場所によって、その腐敗速度はずいぶんと違う。早い順からあげれば、空気中、水中、土中となる。これは**空気**の流通がよければ、腐敗が進むことによる。少なければ逆になる。ドイツの法医学者カスペルの実験では、空気中における一日の死体の腐敗度は水中での二日、土中での八日に相当する。軟部組織が分解消失し、**骨格**のみとなるのは、地上で一年、土中では七年から十年。

※五十年の歳月を経て、骨は風化、崩壊する。

刑罰編

人を殺した後、一円でも奪えば、
判決は死刑か無期懲役の
どちらかになる

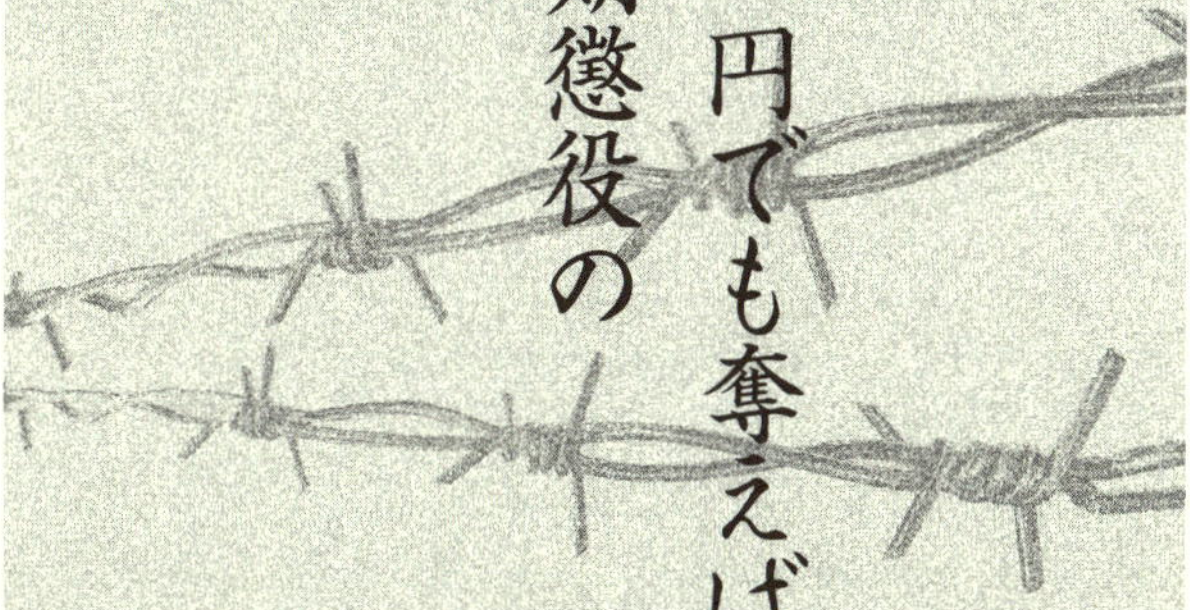

殺人罪の量刑は「死刑又は無期若《も》しくは三年以上の懲役」（刑法一九九条）。一方、**強盗致死罪**では「（強盗が人を死亡させたときは）死刑又は無期懲役」（同二四〇条）と決められており、こちらには有期刑はない。結果、殺人と強盗の両事実が明らかになれば、強盗致死が適用され、死刑か無期懲役しか選択肢は残されていない。

※凶器を所持し、強盗の目的地に向かっただけでも罪になる（強盗予備罪・刑法二三七条）。二年以下の懲役。

妊婦を殺しても、胎児殺害の罪にはならない

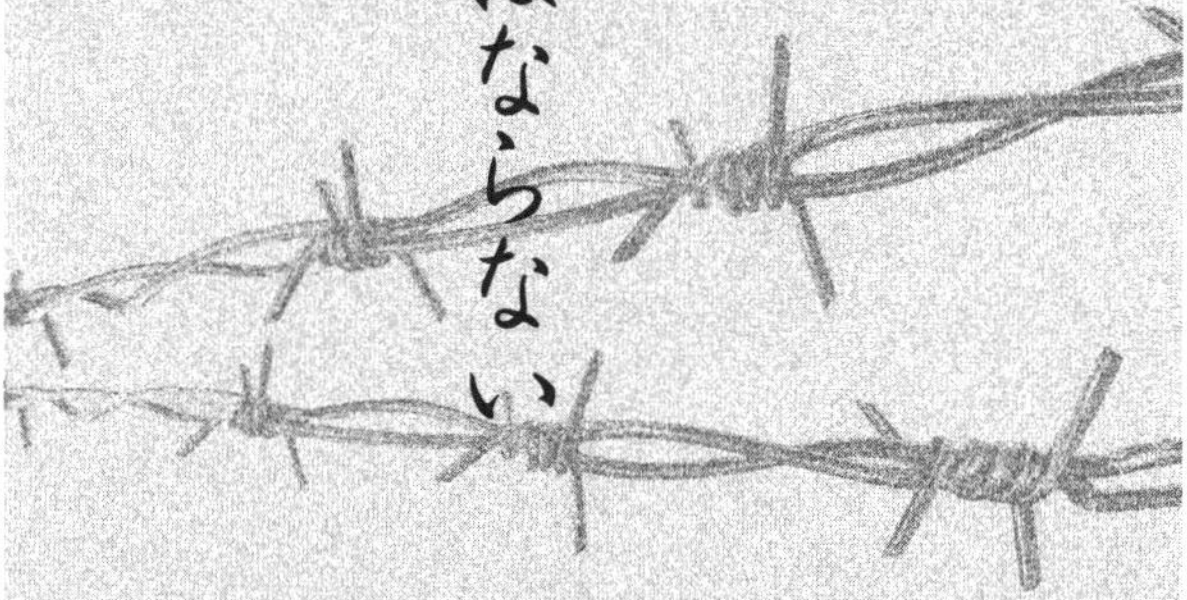

殺人とは「人」を相手になされるものであるから、裁きの場でも「人」の**定義**が必要となる。つまり人の出生をどの時点に求めるかということ。分娩《ぶんべん》開始（陣痛）、一部露出、全部露出、独立呼吸といくつかの見解に別れる。現行刑法では判例に基づき、「身体の一部が母胎から露出した時」（一部露出）を**採用**している。そのため完全に胎内にいる胎児を殺しても、結果、殺人罪は適用されない。

※出る前は不同意堕胎罪（六月以上七年以下の懲役）。

罰金が払えないと、
刑務所内で働かされる

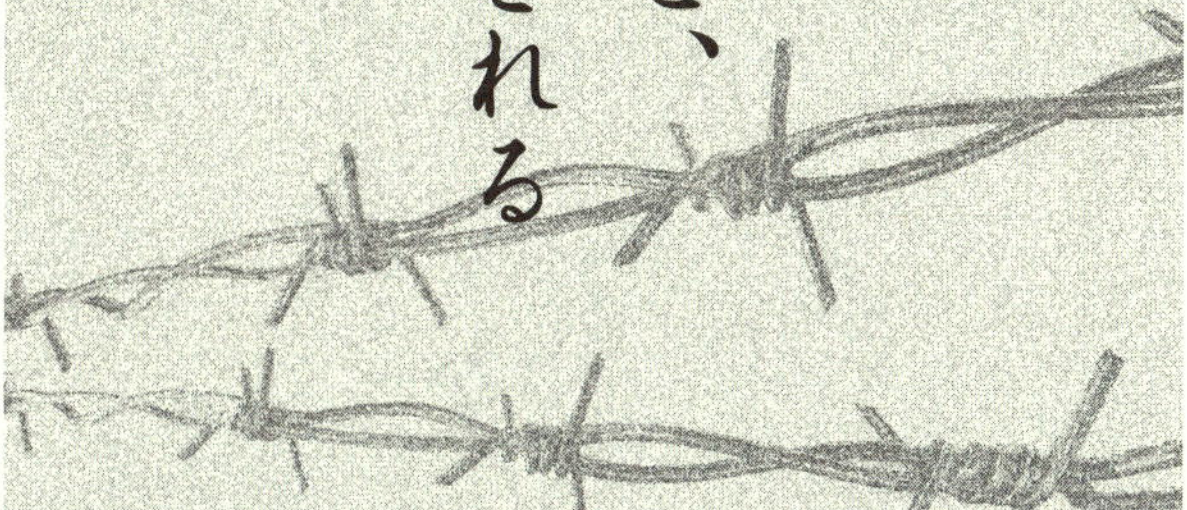

罰金とは一万円以上の額の財産刑（減軽することも可能）。それ未満の刑を科料《かりよう》という。刑罰とは**憲法上保障**されている人間の権利・利益を国家が奪うもの。生命を奪う生命刑（死刑）、身体の自由を奪う自由刑（懲役・禁錮《きんこ》等）と並び、罰金・科料は財産刑と呼ばれる。罰金が完納できない場合、一日以上二年以下の期間、労役場に留置される。ローン等での支払いは不可。監獄法によれば労役場とは「監獄ニ附設」する施設のこと。刑務所の**敷地内**に置かれている。

※最も軽い懲役は一ヶ月。

※現在、科料の金額は千円以上一万円未満となっているが、平成三年の法改正までは、最高でも三千九百九十九円だった。

裏ビデオを売ったら
二年以下の懲役だが、
買うぶんには何の罪にもならない

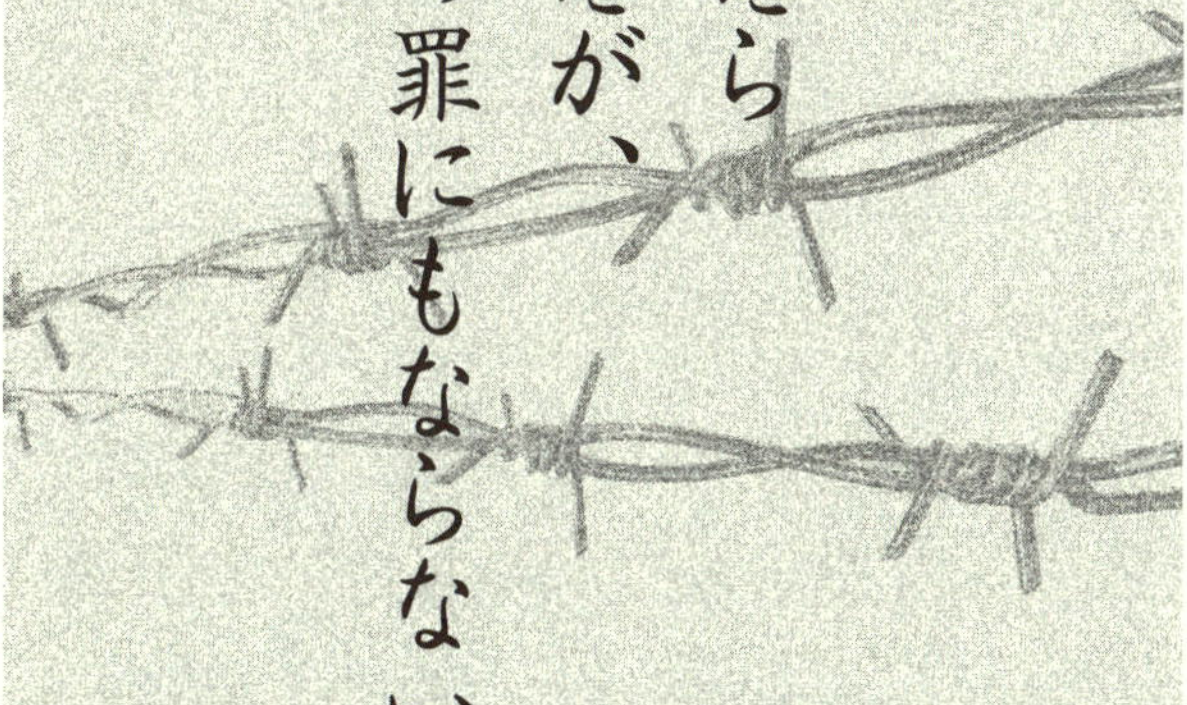

刑法一七五条ではわいせつ物を「頒布《はんぷ》」「販売」「公然と陳列」した場合、罪にあたるとしている。**所持**の罪に関しては、「販売の目的（をもって）」と規定している。このため同法では所持するだけなら罪は問えず、また購入行為は犯罪として記されていない。ただし、自宅においていても「販売の目的」があれば、罪は**成立**する。
※裏ビデオの貸し借りはＯＫだが、知人に譲る際、「元を取ろうとして」金を要求したら、即刻、逮捕されるということ。二年以下の懲役、又は二百五十万円以下の罰金、若しくは科料。要注意。

友人を呼んで
裏ビデオ鑑賞会を開いたら、
たとえ無料で楽しんでもらっても
罪となる

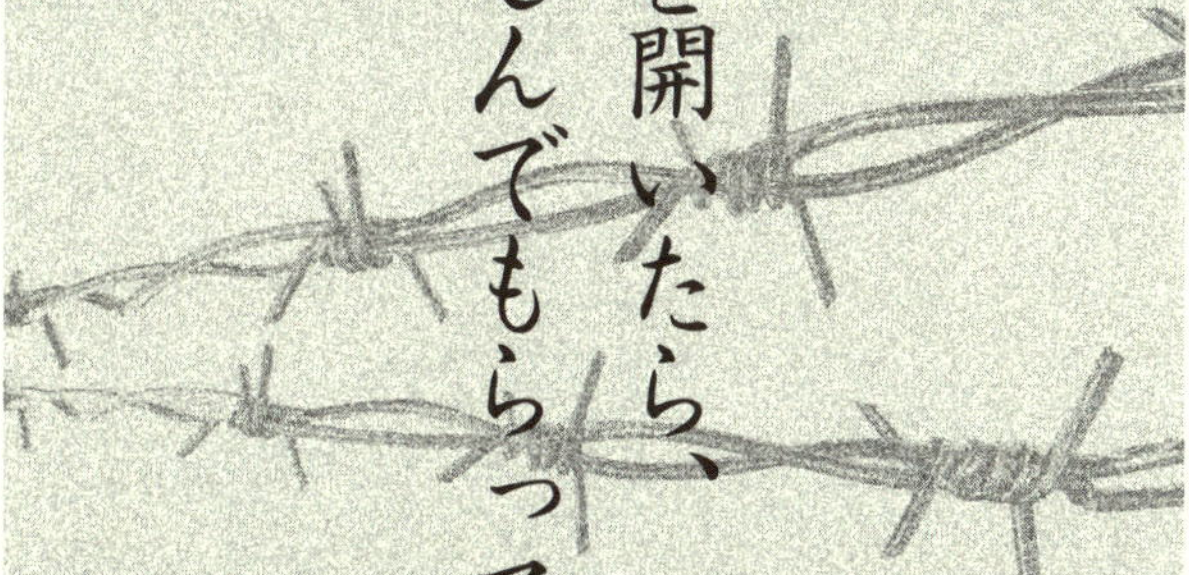

わいせつ物を「公然と陳列」した場合に該当する。これは「不特定、または多数の者が観覧できる状態におく」ことを指している。同好の士による会員制かどうかなどは**無関係**。また参加費など、有償無償も問題とされない。「友人のためを思って」など、何の意味もなさない。要注意。

※映画の試写で、同罪に該当した例がある。

レイプは被害者が名乗り出ないと、
罪に問えない

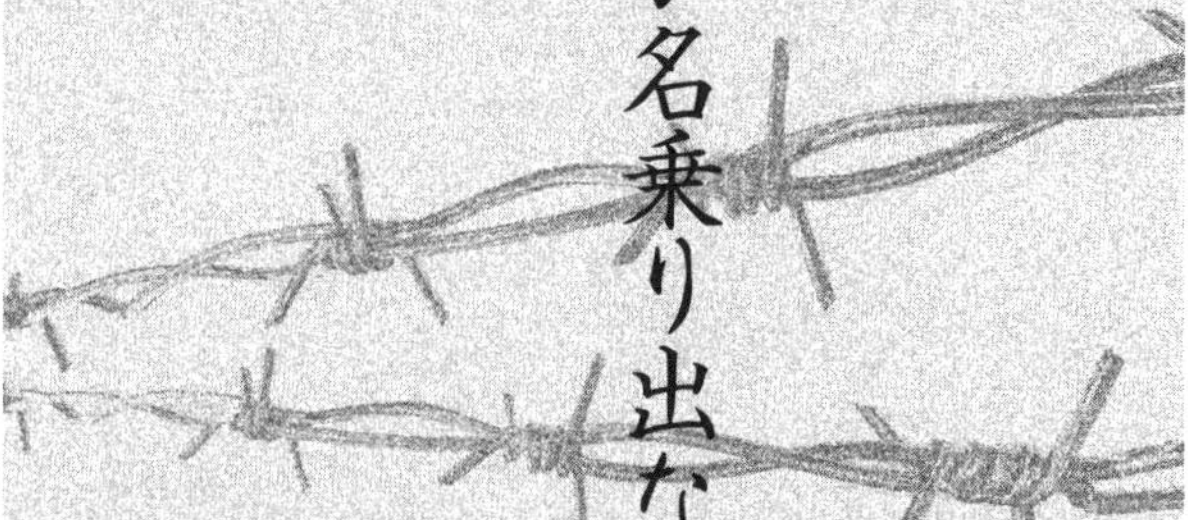

告訴があって初めて成立する容疑を**親告罪**（刑法一八〇条）という。告訴がなければ起訴することが出来ないから、犯罪としてそもそもなかったこととなる。わいせつ絡《がら》みの他に、名誉毀損《めいよきそん》もこれにあたる。これらは被害者の名誉を尊重し、取り調べや裁判などでの精神的苦痛を考慮してのこと。被害者の意思が優先される。また罪が軽微との理由により、過失による傷害や器物損壊等も親告罪である。司法が介入せずとも、**和解で決着**することが多いため。いずれも被害者からの訴えがなければ、警察は捜査に着手出来ない。
※レイプは二人以上で行えば、訴えがなくても犯罪になる。

痴漢は刑法上、犯罪ではない

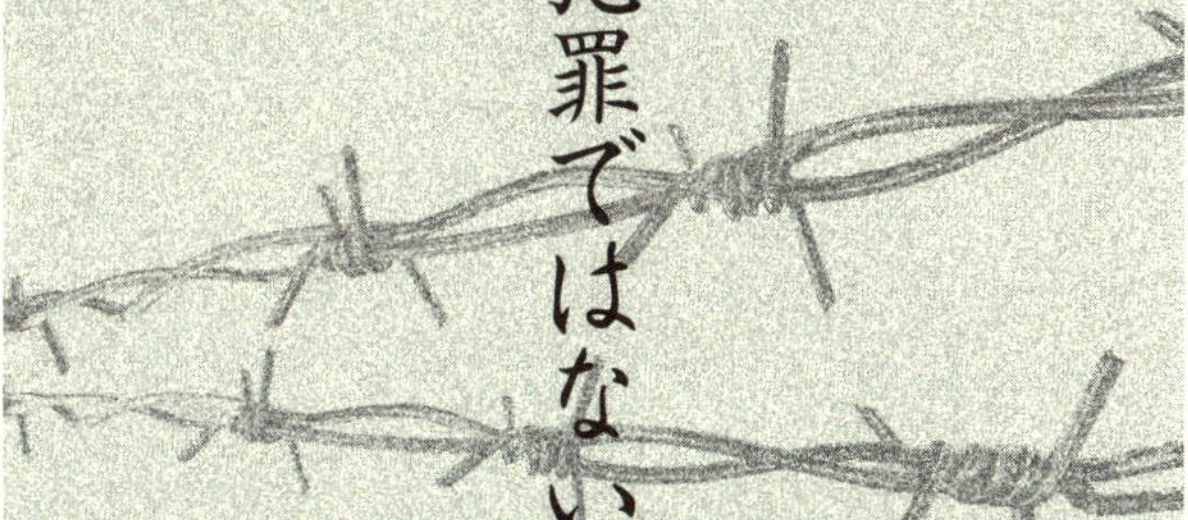

最近、電車内の広告などで、痴漢防止の啓蒙《けいもう》が盛んに行われている。しかし、刑法には痴漢そのものを罰する条文はない。そのため、痴漢は強制わいせつ罪にあたる犯罪で**「六月以上七年以下の懲役」**と広告は謳《うた》うのだが、刑法一七六条のそれは、「暴行又は脅迫を用いて」わいせつな行為をなした場合に限っている。刑法でいう暴行とは人の身体に対する有形力の行使を指す。直接の暴力行為以外、例えば騒音を発生させる、麻酔薬を嗅《か》がせる、**催眠術**にかける等々も含まれる。結果、身体に傷を負わせれば傷害罪が適用され、「十年以下の懲役又は三十万円以下の罰金若《も》しくは科料」。一方、脅迫とは本人及びその親族の生命、身体、自由、名誉、財産に危害を加えることを告知して成立する犯罪（二年以下の懲役又は三十万円以下の罰金）。痴漢を捕らえても、これら暴行と脅迫のどちらかの事実が**証明**出来なければ、刑法での罪は問えない。

※東京都では痴漢には迷惑防止条例第五条が適用される。こちらなら、「六月以下の懲役又は五十万円以下の罰金」で済む。

痴漢やピンクビラを
取り締まる迷惑防止条例は、
愚連隊対策のために出来た

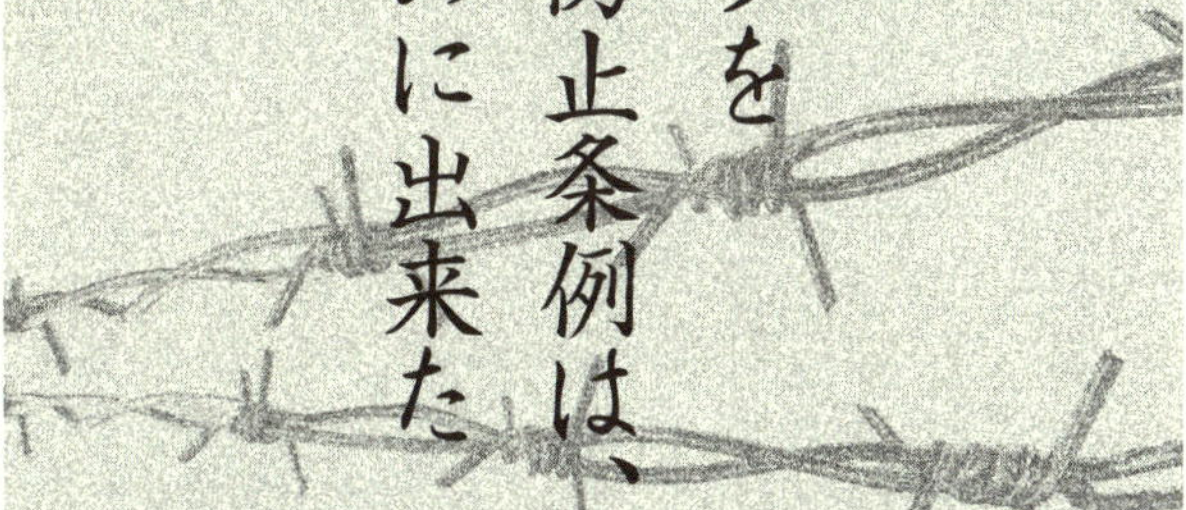

東京都の迷惑防止条例は、正式には「公衆に著しく迷惑をかける暴力的不良行為等の防止に関する条例」。痴漢行為だけでなく、公衆電話内などでの**ピンクビラ配布**にもその効力を発揮する。痴漢に関しては、第五条一項の「公共の場所又は公共の乗物において、人を著しくしゅう恥させ、又は人に不安を覚えさせるような卑わいな言動をしてはならない」の条文で取り締まる。しかし第五条の見出しは「粗暴行為(ぐれん隊行為等)の禁止」、二項では「多数でうろつき、またはたむろして(まわりの人に)いいがかりをつけ、すごむ等」の行為を禁止している。同条例は昭和三十七年公布、もともと愚連隊の他、ダフ屋、客引き、押し売り等を**規制**するために作ったもの。刑法同様、こちらも痴漢を想定していなかった時代の成立。ピンクビラ配布行為の禁止は、平成十四年に**追加**している。

※暴走族の落書きも、この条例で禁じている。平成十四年追加。

裁判所で傍聴人気が高いのは、わいせつ事案

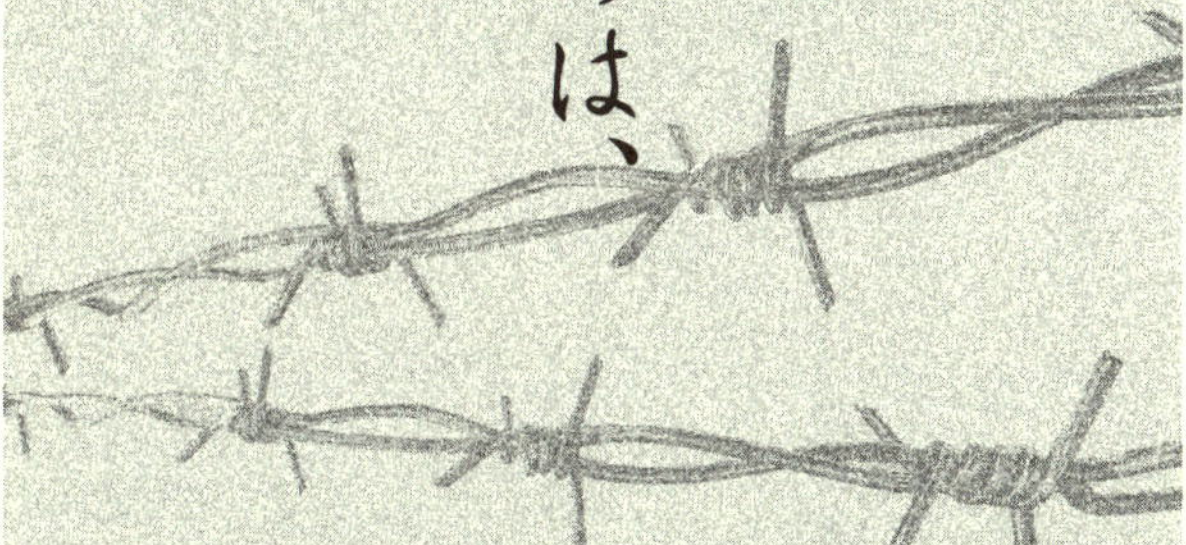

裁判所には「**裁判ウォッチャー**」と呼ばれる一般人がいる。性別、年齢も様々。毎日朝から夕方まで所内を歩き回る者もいれば、仕事の合間を見ては時折、通う者もいる。その日、開かれる裁判をいくつかはしごし、法廷前の廊下で情報を交換する。殺人等、世間を騒がせた犯罪などを傍聴し、数分経《た》ったら次に行く。中でもわいせつ事案は人気が高い。ある裁判ウォッチャーによれば、殺人などは容疑者の**顔**を見るのが目的だから用件はすぐに済むが、わいせつは中身が重要。「そのため腰を据えて傍聴する」という。いずれも、「いっぱしの大人がうなだれている姿は、見ていて優越感を感じる」。

※その日に行われる裁判は、裁判所受付に置かれた**目録**に載っている。誰でも傍聴可。東京地方裁判所には現在、十七の刑事部があり、それぞれが法廷を開廷する。注目裁判が同じ日に重なった場合、裁判所前には抽選を待つ人たちの列がいくつも出来る。

判決の最初に
裁判官が「被告人は……」と
「は」から始めれば、
言い渡しは無罪

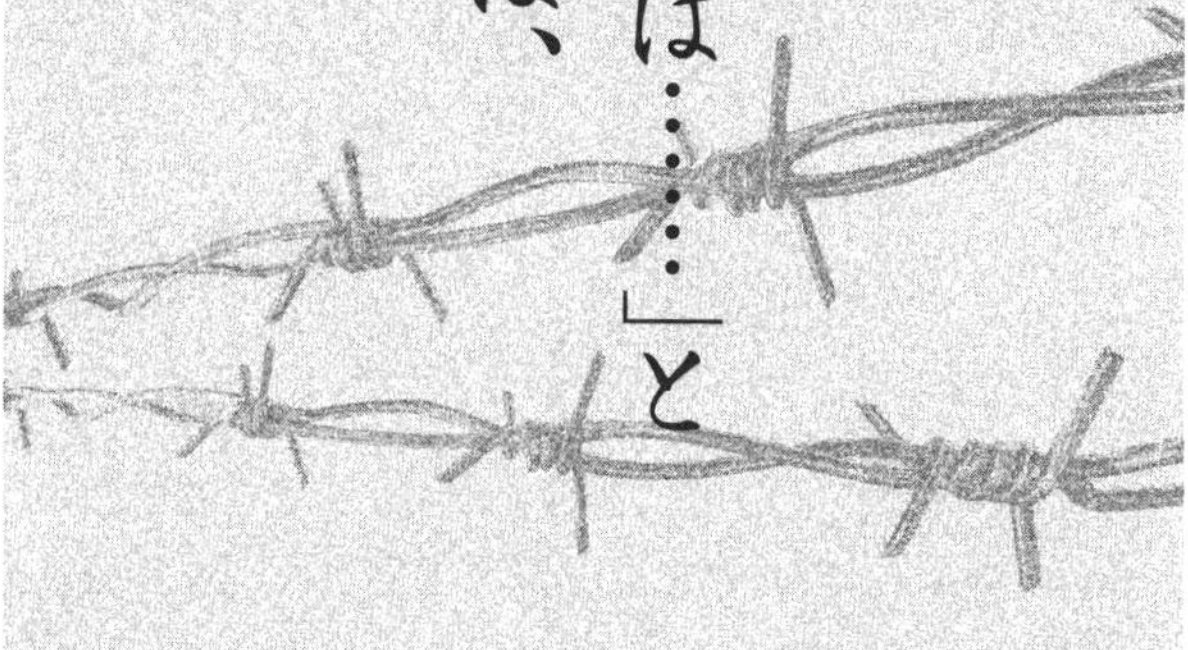

判決は主文と判決理由とからなる。主文とは裁判所が出した結果であり、わずか一言で済む。有罪か無罪か、刑は何年か等を言い渡す。その後、その判決に到った**理由**を述べていく。日本語の文法の問題なのだが、主文で「被告人は……」と始めれば、その後に来る言葉は「無罪」。有罪の場合、主語を受ける言葉が「○○（の刑）に処す」と続くから、始まりも「被告人を……」となる。慣れた傍聴人はその一音を聞き逃さず、裁判官が主文を言い終わる前に、人に先んじて一瞬、感動を味わう。

※死刑などを言い渡す際は**衝撃が大きい**ので、先に判決理由から述べることが多い。そのことを知っている被告なら、結果として動揺は同じになる。罪深いことに、まれに勿体《もったい》つけて、刑の重軽に関係なく主文を後に回す裁判官もいる。

最高裁判決には
被告本人が出席しない

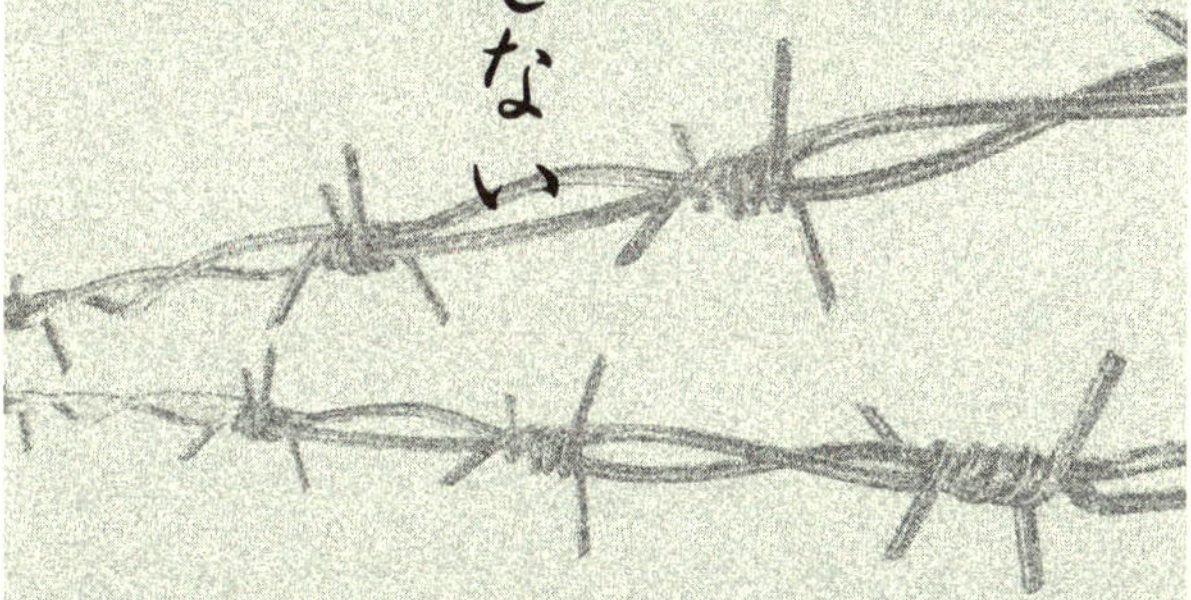

日本の裁判制度は三審制。地方裁判所、高等裁判所、最高裁判所と判決に不服があれば上級審に進むことが出来る。中でも終審裁判所である最高裁は日本における司法のトップ。ただし地裁、高裁と異なり、下級審の判決に違憲性がないかを判断するのが最高裁判決。「**法律審**」といい、証人を呼ぶこともないから証言台もない。しかも一事件につき、開廷は判決の一度だけ（判決ほど重要性のない「決定」だけなら、法廷すら開かれない）。上告を棄却するか、高裁に差し戻すかの判断を下す。そのため刑事事件も含め、法廷に被告本人がいる必要はない。

※平成十三年に最高裁が上告を受理した人数は、刑事事件で二千百九十人。一方、上告審として**終局処理**した人数は千九百九十七人。うち、上告取り下げ五百五十二人。上告棄却千四百三十三人。破棄差し戻し・移送は二人。高裁判決が覆《くつがえ》る確率はこの程度。

※一審判決を不服として、高裁へ控訴した確率（控訴率）は一二パーセント。また、控訴審判決に対する最高裁への上告率は四〇パーセント。

殺意をもって殺人を成し遂げても
殺人罪とならず、
「殺人未遂」で済む
ケースがある

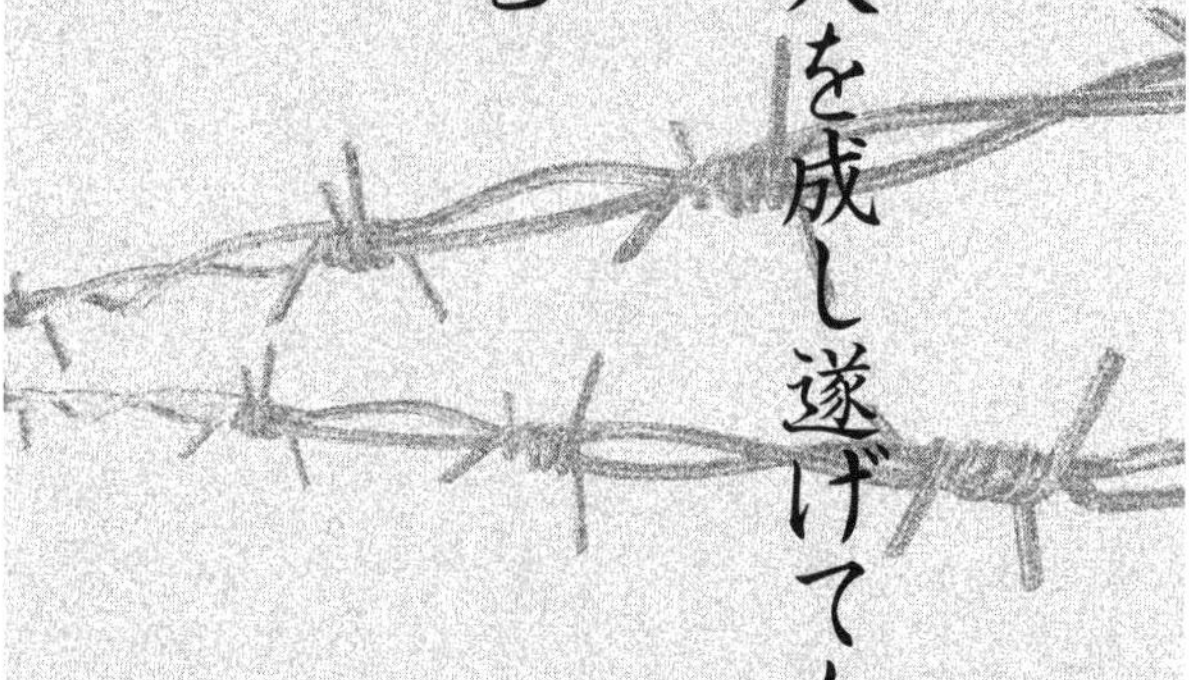

二人以上の者が、まったく意思の疎通《そつう》もなしに、同一の人物に対し同時に**同一行為**をもって死に至らしめた場合がこれにあたる。例えばA、Bが殺意をもって同じ宴席でCに対し毒を盛ったために、Cが死亡したとする。どちらの毒が死因か判明しなければ、A、Bともに殺人罪は適用されない。殺人は実際に遂行されたにも関わらず、両名ともに**「殺人未遂罪」**となるのみ。

※どちらの毒が効いたのかわかれば、その一名には殺人罪が成立する。結果、もう一名は、殺人未遂罪にとどまる。殺人は「死刑又は無期若《も》しくは三年以上の懲役」、未遂なら刑期はおよそ二年以下。

犯罪被害者への
支給給付金の金額は、
生き残った場合より
殺されたほうが安い

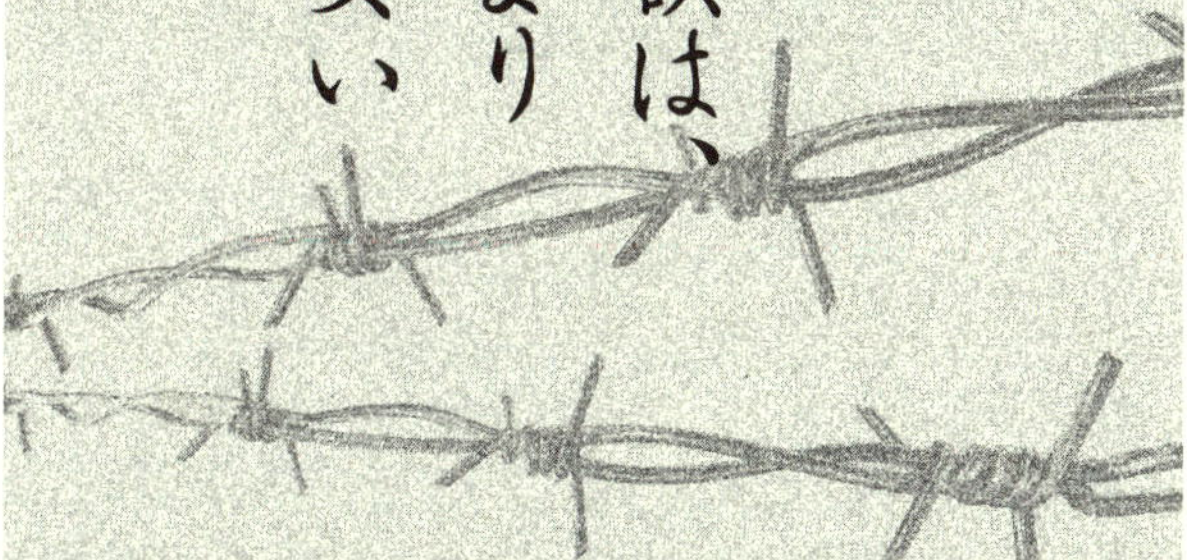

交通事故の場合は昭和三十年制定の自動車損害賠償保障法があり、被害者及び家族の救済が以前よりなされている。しかし、死傷者が出るという意味では同様の犯罪被害に対しては長くその措置は講じられてこなかった。過激派による**無差別爆破事件**を契機に成立したのが、犯罪被害者等給付金支給法。昭和五十六年からの施行《せこう》。平成七年の地下鉄サリン事件を受け、さらに制度が拡充された。申請者数はここ五年で倍、平成十三年には五百四十六件に支給が認められている。支給総額十二億四千百万円。その内訳は、犯罪行為により死亡した者の遺族に十一億四千八百万円、死亡しないまでも身体に障害が残った本人に九千三百万円。前者の上限は千五百七十三万円、後者は千八百四十九万二千円。遺族に対してより、**後遺障害**を抱えながらも生きていく者に対して、その金額は高い。

※死亡の場合、支給を受けられる者は複数いる。配偶者、子、父母、以下、ケースによっては孫、祖父母等と続く。

※障害の等級は一級から十四級に分かれる。受け取れるのは本人のみ。

失踪後七年経つと、
死んだものとされる

不在者の生死が不明のまま時が経過すると、いろいろと不具合が生じてくる。そこで**生死不明**の状態が一定期間継続している場合、死んだものと見なし、家庭裁判所によって法律上確定させられる。その期間は普通失踪《しっそう》で七年、船舶の沈没などで一年。民法でいう「不具合」とは、具体的には財産の相続や売買、配偶者の再婚などに対して障害となることを指す。その後、生存が判明した際にはすべて無効。財産は戻され、保険金も返還、**再婚は重婚**として取り消すことになる。ただし民法は「善意ヲ以テ為シタル行為ハ其《その》効力ヲ変セス」と加えている。そのため財産については減っていても残存分、増えていたら初めに得た分だけの返還でよしとされる。

※平成十四年の身元不明死体は千三百四十。

日本の法律では
売春自体を罪としていない

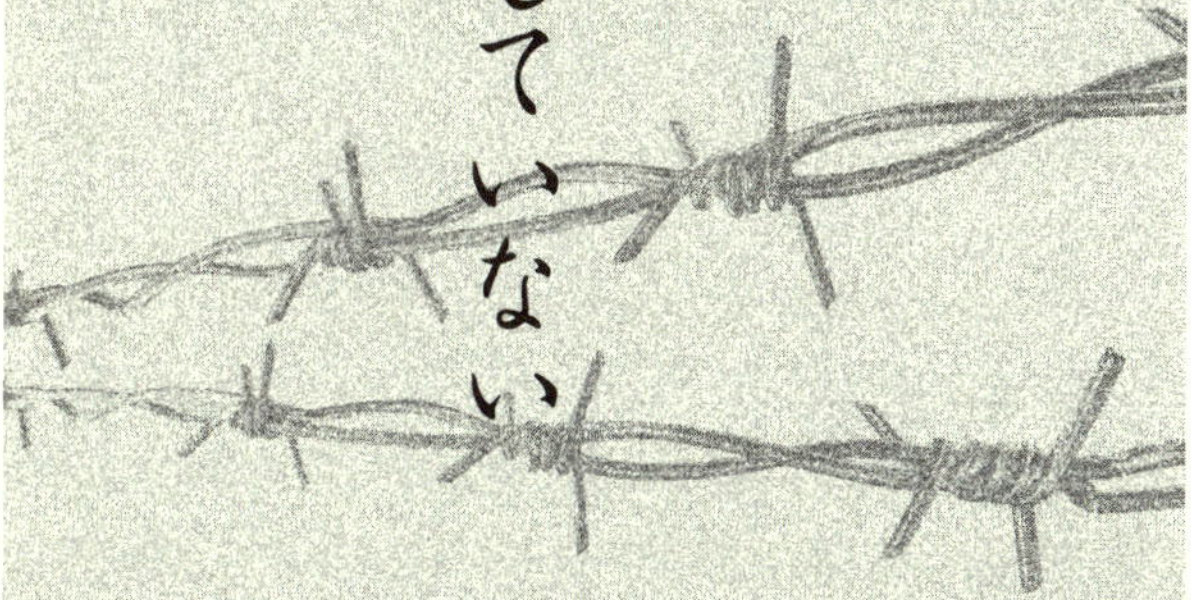

売春防止法では第三条で、「売春の禁止」をあげている。しかしその後に続く刑事処分の中で、売春自体の刑罰を明記していない。第五条は本人の**「勧誘」**についてであり、それだけで「六月以下の懲役又は一万円以下の罰金」となるが、この処分が最も軽い。以下、第三者による「周旋」「契約」「場所の提供」などと続き、管理売春をした者などには「十年以下の懲役及び三十万円以下の罰金」が待っている。これは同法が成立した時代状況による。すなわち同法は「女子の保護更生」と「売春の防止」を図ることを目的として、戦後を引きずる昭和三十一年に成立した。この時代、売春を生活の糧《かて》とせざるを得なかった女性は多くいた。これもまた、半世紀後の**現在の様相**など予想もしていなかった法律。

※平成十三年、家庭裁判所に送致されるにいたった二十歳未満の少女五百五十九人のうち、二六パーセントは「不純異性交遊」で。

日本には
売春婦更生のための、
国立の施設がある

売春防止法で起訴された二十歳以上の女子に対して、刑の執行を猶予《ゆうよ》し**補導処分**にすることが出来る。その場合、送られるのが婦人補導院。法務省管轄《かんかつ》の国立の施設である。更生のための期間は六ヶ月。東京・八王子にある。が、この十年間に収容されたのは一人だけ。

※平成十三年、売春防止法で収監された女性は全国で九人。一方、男性は五十一人。罰金刑で済んだ者は当然、含まれていない。

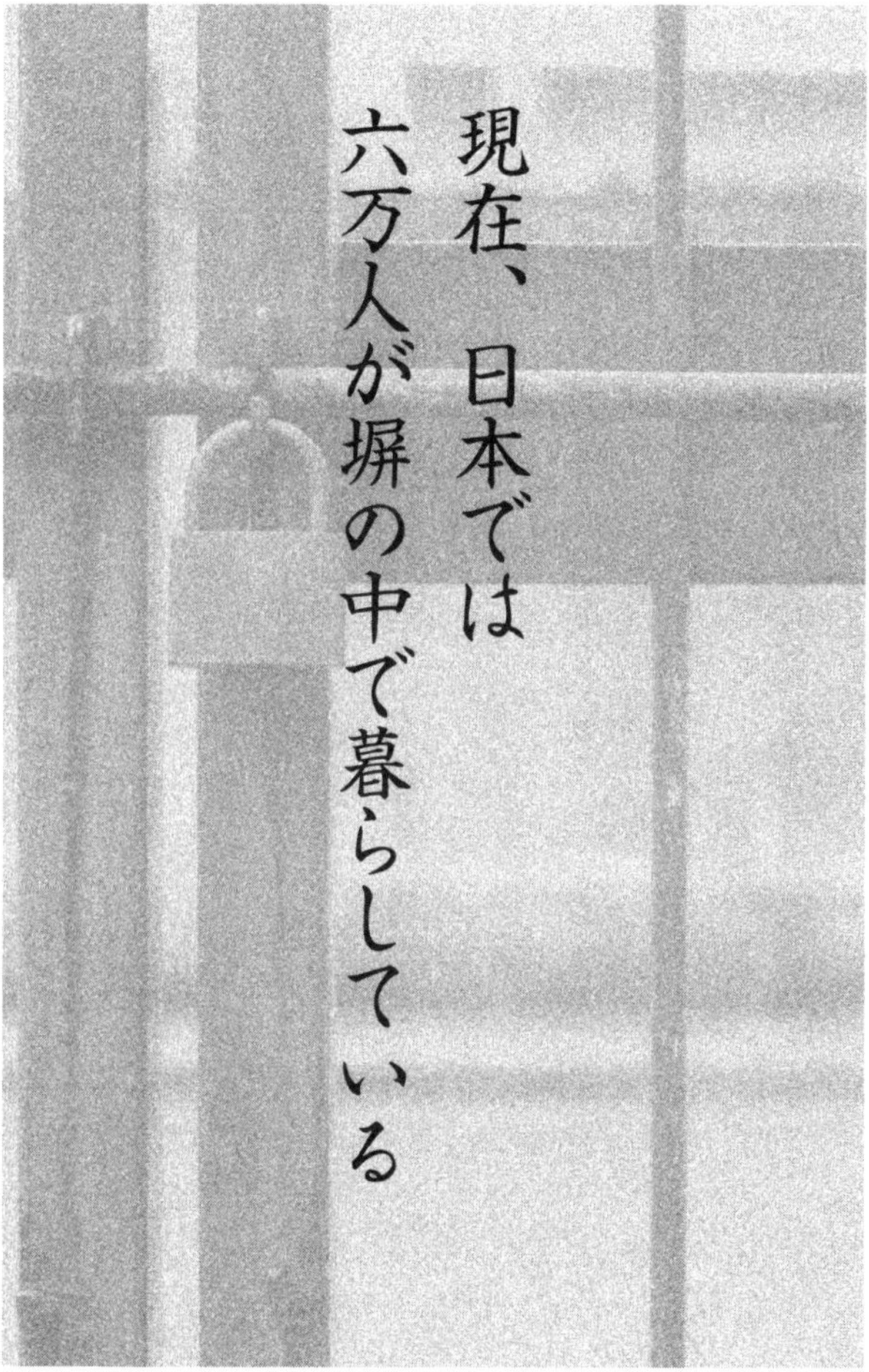
現在、日本では
六万人が塀の中で暮らしている

未決、既決合わせて、六万五千五百八人が行刑施設に収容されている（平成十三年十二月末日時点）。**行刑施設**とは刑務所、少年刑務所、拘置所のこと。全国に百八十九ヶ所ある。このうち刑務所在監の既決拘禁者の収容人員は、五万三千六百四十七人。収容定員をオーバーしており、収容率は一〇九・七。

※地方自治法では、五万人以上の住民がいれば市となれる。

全国で八十人が連日、塀の門をくぐる

平成十三年の一月一日から十二月三十一日までの間に、行刑施設に新たに入所した者の総数は二万八千四百六十九人。女性が千五百六十二人含まれる。日に換算すれば、一日に八十人近くがどこかの**獄の門**を叩《たた》いているということ。年々、増加している。
※六十歳以上の占める割合は一割弱。十年前のおよそ倍。
※五度目以上の者が二割いる。

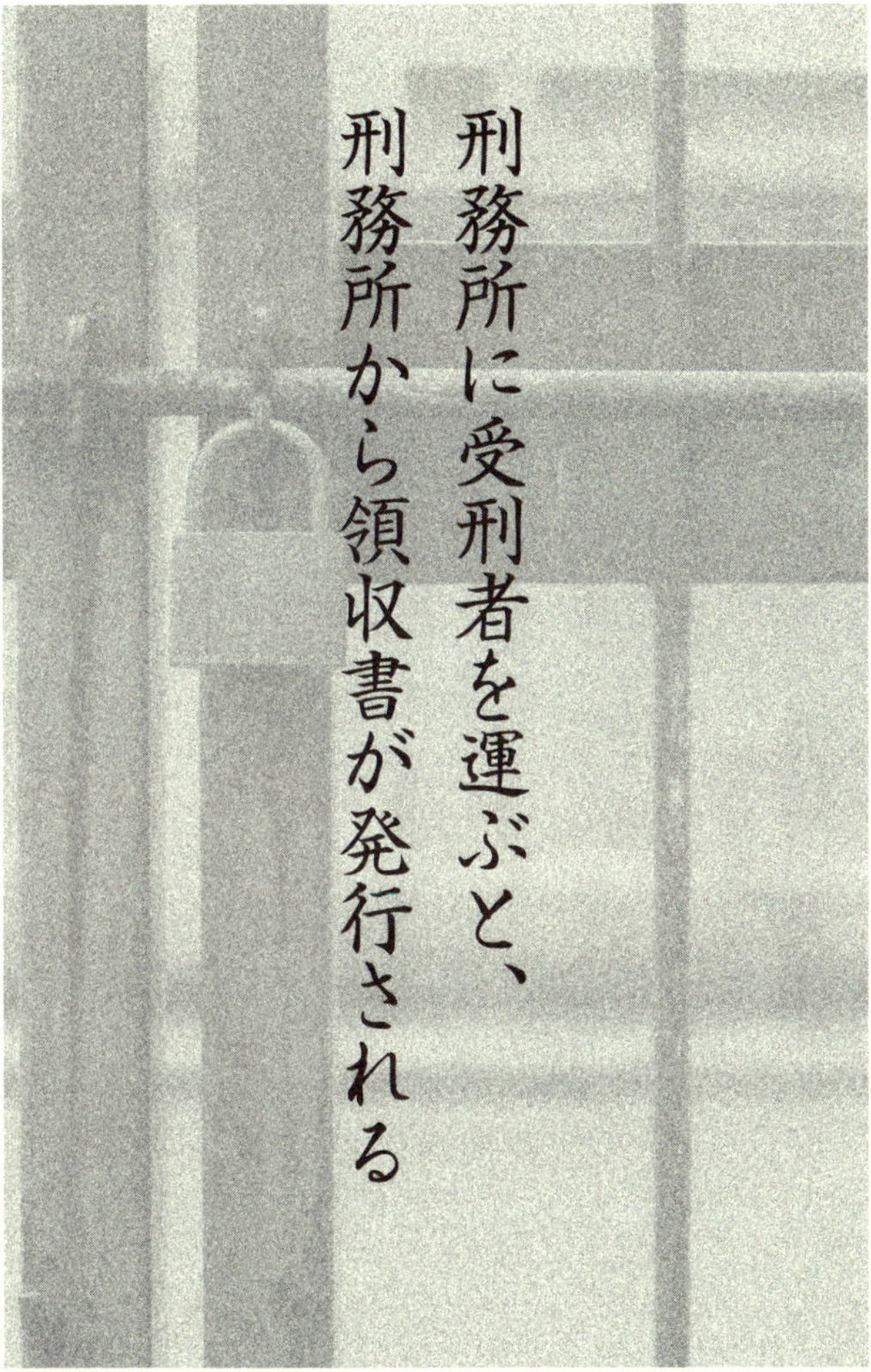

刑務所に受刑者を運ぶと、刑務所から領収書が発行される

裁判で刑の確定した者は、即日拘置所から刑務所へとわずかな荷物とともに護送される。その際、刑務所から護送者に交付される書類を領収書という。その施行《せこう》規則に「新《あらた》ニ入監スル者ヲ領収シタルトキハ……」とある。「領収書」には、**入監者**の氏名、入監の年月日および時間、領収した刑務官の名が記される。

※「監獄法」に記載された正式名称。入所ではなく入監。

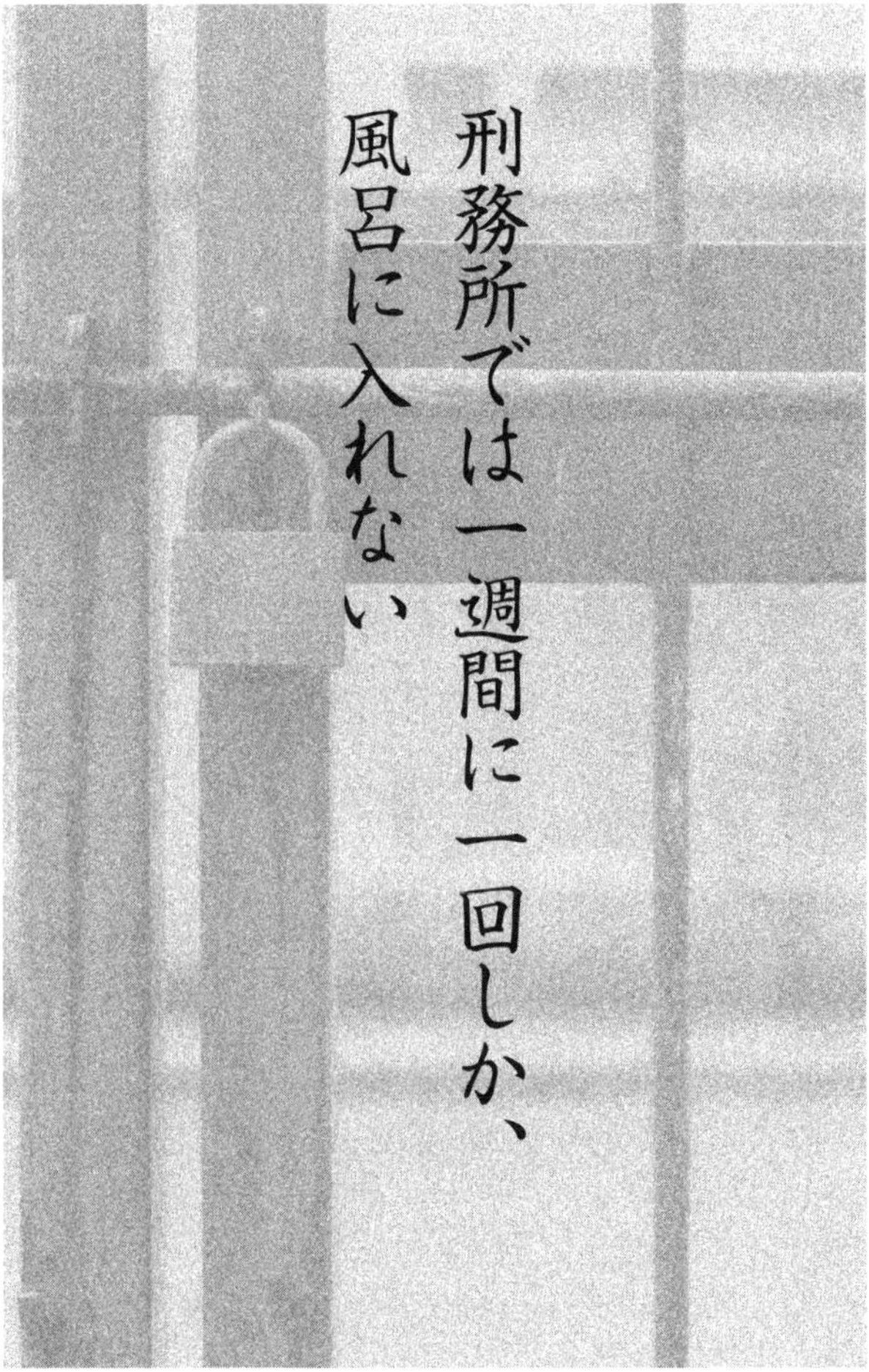

刑務所では一週間に一回しか、
風呂に入れない

監獄法は明治四十一年に施行された法律。約百年後の現在にいたるまで、行刑施設はこの法をもとに運営されている。刑務所という呼び名はその**印象**を良くするため、大正十一年から使用されているが、今でも行政上の正式名称は、つまりは監獄である。施行規則によれば受刑者の入浴は「七日毎《ごと》ニ一回ヲ下ルコトヲ得ス」と決められている。これは十月から五月の間。**夏場**はさすがに「五日毎ニ一回」とされている。

※最近では文面をよい方向に解釈し、入浴回数を増やしている刑務所が多い。

刑務所には子供と一緒に入れる

監獄法第一二条には「満一歳ニ至ルマテ之《これ》ヲ許ス」とある。その後、引き取り人がいれば預かってもらえるが、いない場合は児童福祉施設や**里親を探す**ことになる。

※全国に五十九ヶ所ある刑務所のうち、女子専用は五ヶ所。栃木、笠松（岐阜県）、和歌山、岩国（山口県）、麓《ふもと》（佐賀県）。

刑務所にはランクがある

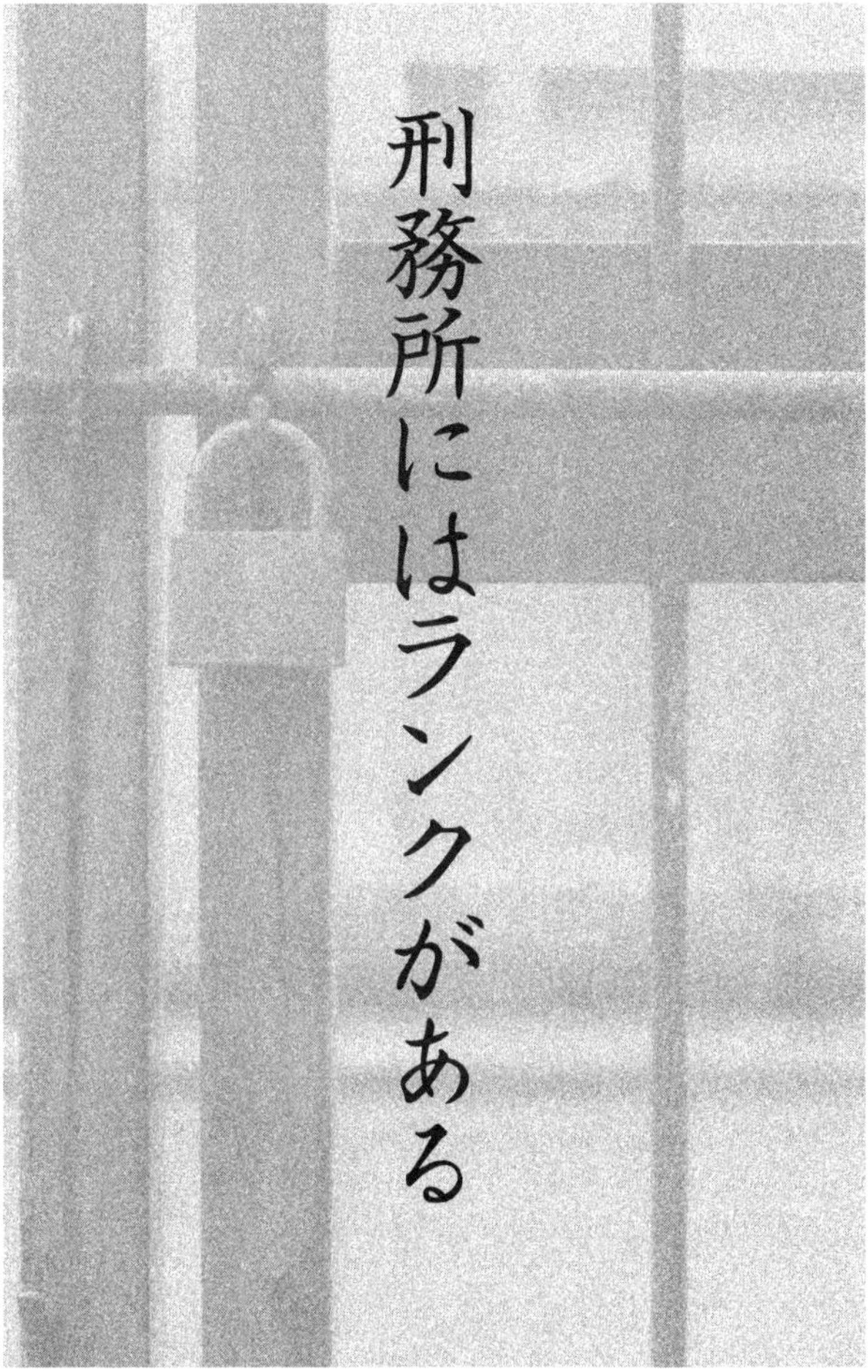

刑務所は、受刑者の**格**によって分類される。初入者で刑期八年未満はA級、再入者で刑期八年未満ならB級となる。Aは全国に十三、Bは三十七。刑期が長い者を収容する施設にはさらにLが付く。A級でもLAといえば、初入者だが刑期が八年以上。千葉刑務所、岡山刑務所がこれにあたる。再入の上、刑期八年以上はLBと呼ぶ。旭川、岐阜、熊本、徳島がこれに**該当**する。

※他に医療刑務所、女子刑務所、少年刑務所がある。医療刑務所は四ヶ所。また外国人受刑者の受け入れ先は府中、横須賀、大阪など。日本人とともに暮らす。信仰上の戒律により、食事などの工夫が必要。

刑務所で働くと、月給四千二百十五円

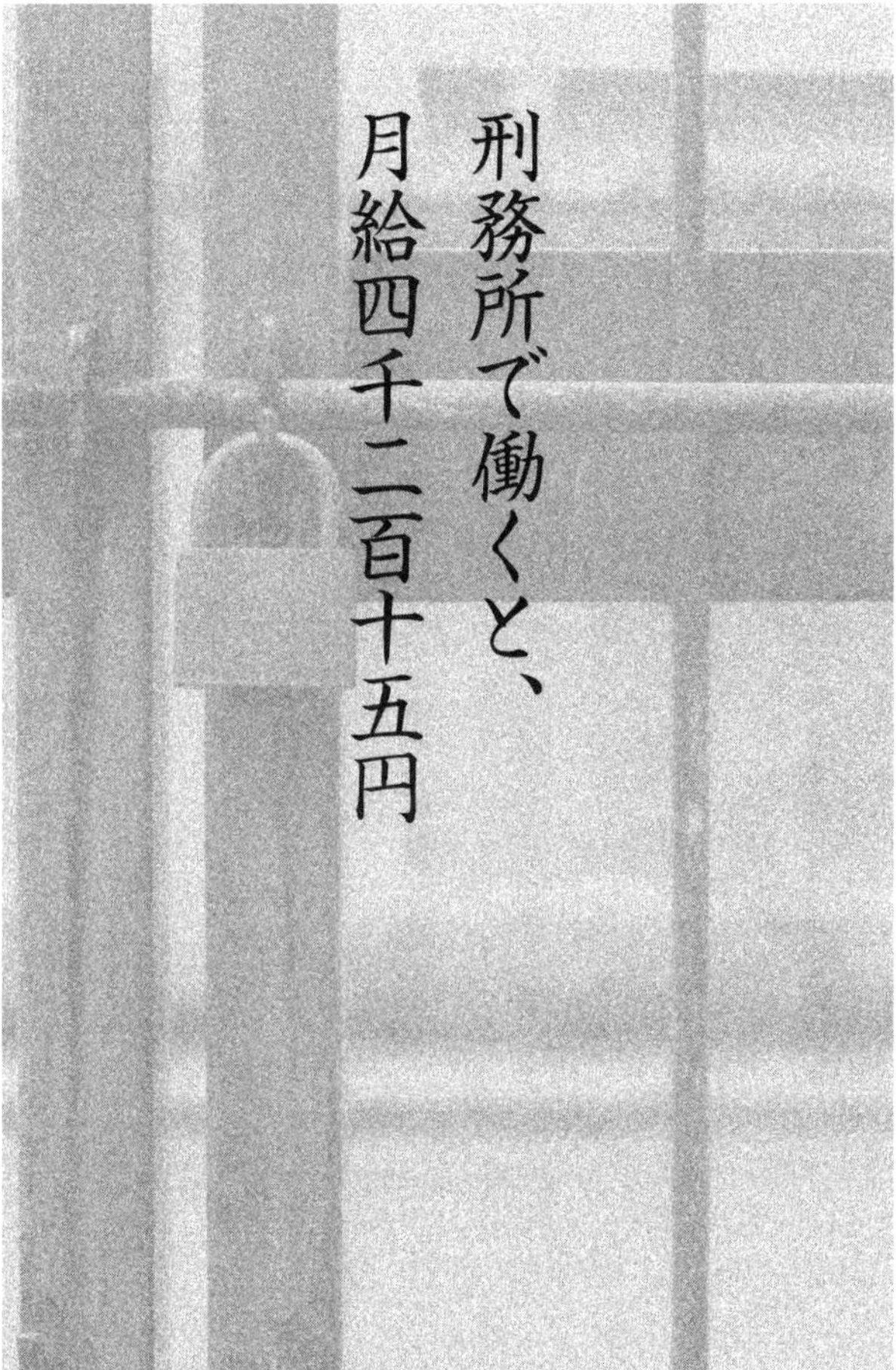

受刑者は刑務所に送られた後、**刑務作業**にあたる。所内施設における木工、印刷、洋裁等の他、刑務所から外の作業場に通勤して従事する農耕、牧畜、造船等がある。懲役刑を受けた者にとっては労働は義務だが、禁錮《きんこ》刑に服す者も希望によりこれらの作業に就くことが出来る。禁錮刑の九割ほどが実際、働いている。一日八時間、一週間につき四十時間、土日祝日は休み。年に全国で九十億円を超える歳入となる。収入はすべて国のものとなるが、代わりに**作業賞与金**が与えられる。平成十三年の一人一ヶ月のその平均金額は四千二百十五円。釈放時にまとめて支払われる。

※単純に計算すると、年間歳入金額÷平均就業人員数÷十二ヶ月≒一万五千円。「作業賞与金は、就労の対価としての賃金ではなく、恩恵的・奨励的な性格のもの」（「犯罪白書」）。

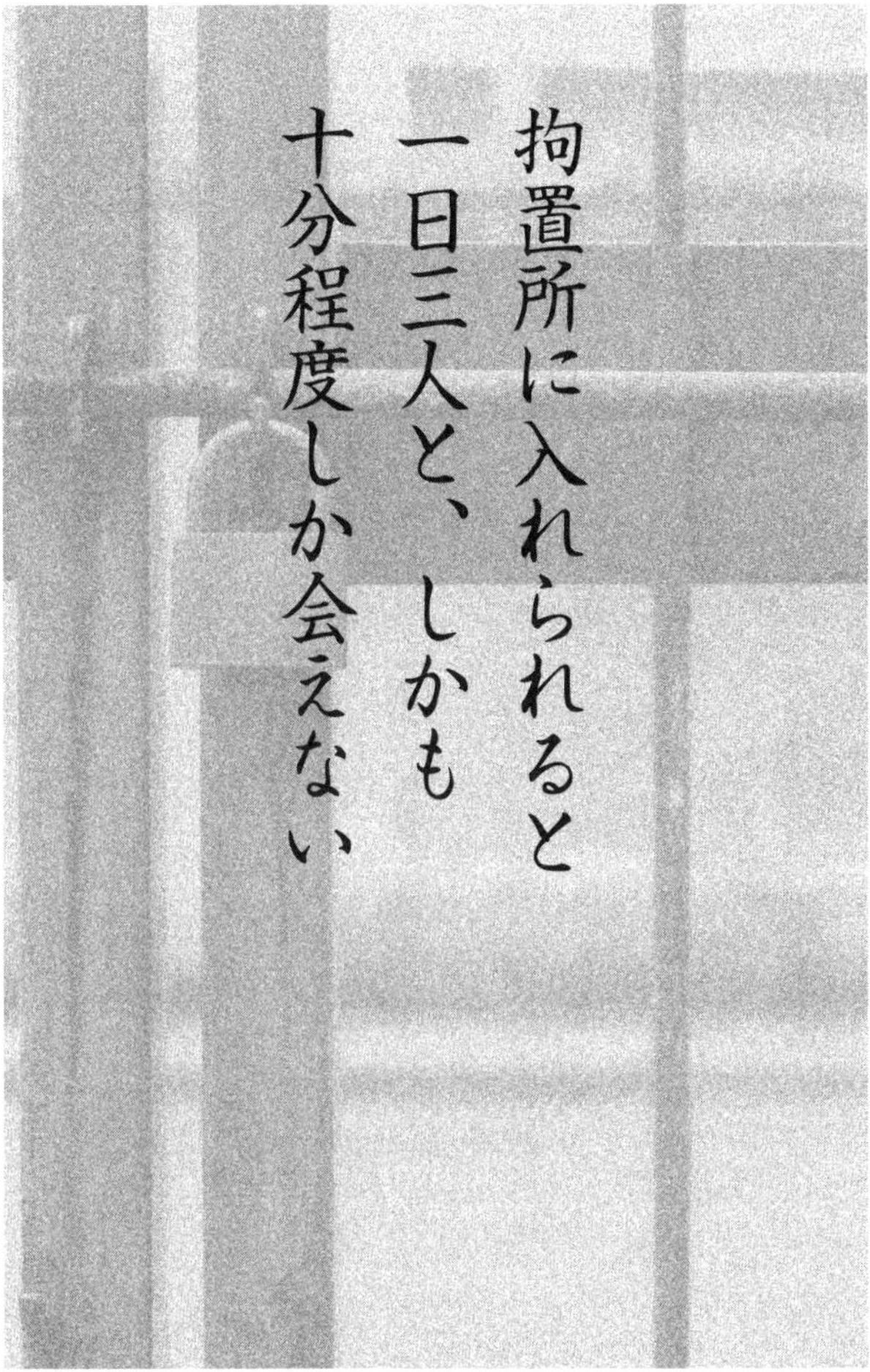
拘置所に入れられると
一日三人と、しかも
十分程度しか会えない

刑務所と拘置所とでは、その性格が大きく異なる。前者が裁判で刑が確定した受刑者を収容するのに対し、後者に入れられているのは一般に**「未決囚」**と呼ばれる者である。彼ら刑事被告人はそこから法廷に護送され、裁判を受ける。刑に服しているのではないし、労働義務もないが、その自由は奪われている。面会も制限される。午前八時三十分から昼休みを挟み午後四時まで、一日一組のみ。一組とは三人までと決められている。面会室ではガラス越しで、隣で**刑務官**が黙ってメモを取っている。およそ十分が経《た》つと、刑務官が顔をあげ面会は終了する。

※面会時間は厳密に計られているわけではない。刑務官によって時間に長短がある。また混んでいると短くなる。

※拘置所での収容年月は、刑務所に行けば刑期から差し引かれる。

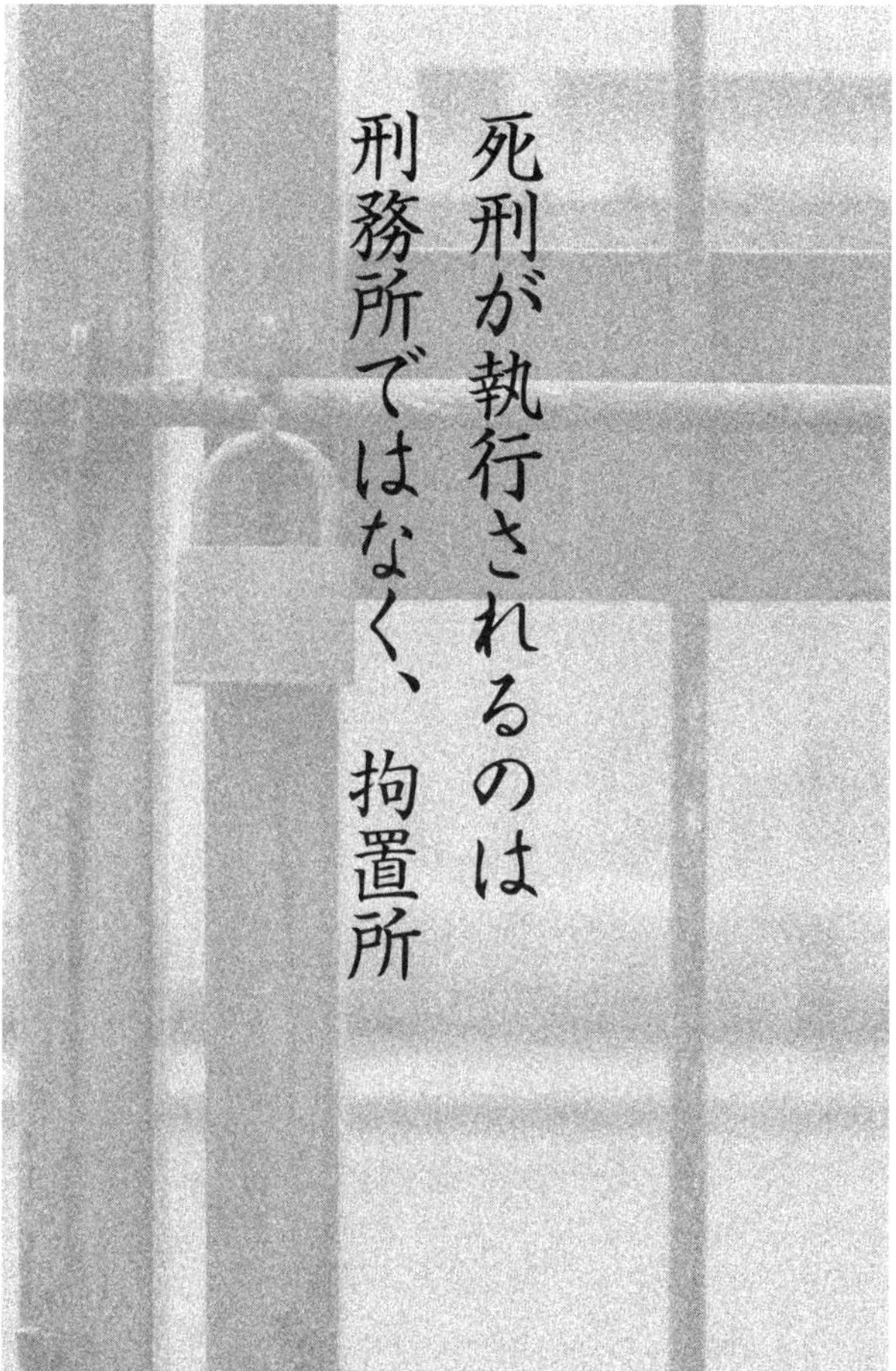
死刑が執行されるのは
刑務所ではなく、拘置所

死刑に関して定めているのは**刑法一一条**。これは二つの項目からなる。場所と方法については一、「死刑は、監獄内において、絞首《こうしゅ》して執行する」。執行までの処遇については二、「死刑の言渡しを受けた者は、その執行に至るまで監獄に拘置する」。一方、監獄法第一条では監獄を懲役監、禁錮監、拘留場、拘置監の四種に分けている。判決を未《いま》だ受けていない刑事被告人等が拘禁されるのは、拘置監。死刑囚についても同所に拘禁することとしている。このため死刑囚はまだ罪が確定していない者と同じ屋根の下で、**最後の日**を待つことになる。

※拘置所には横領などの経済犯から窃盗、わいせつ、殺人犯まで雑多いる。一流企業の社長、こそ泥、出歯亀《でばがめ》、人殺し、そして政治家も一緒くた。外国人もいる。死刑囚は独居房。

戦後の死刑執行は六百五十人

刑法上、**死刑が科し得る犯罪**は、殺人罪の他、強盗致死罪、強盗強姦《ごうかん》致死罪、放火罪、内乱首謀者罪、外患誘致罪、外患援助罪、出水罪、汽車電車転覆致死罪、水道毒物混入致死罪等。刑事訴訟法では、判決確定日から六ヶ月以内に法務大臣が執行を命じ、その命令から五日以内に執行されなければならない。現実には先延ばしされる。

※内乱とは革命政府等を組織しての暴動をいう。外患誘致とは外国の政府や軍と通じ、日本に武力行使させること。外国からの武力行使に味方するのが、外患援助。

※死刑執行に立ち会えば、刑務官は**二万円**の手当てがもらえる。

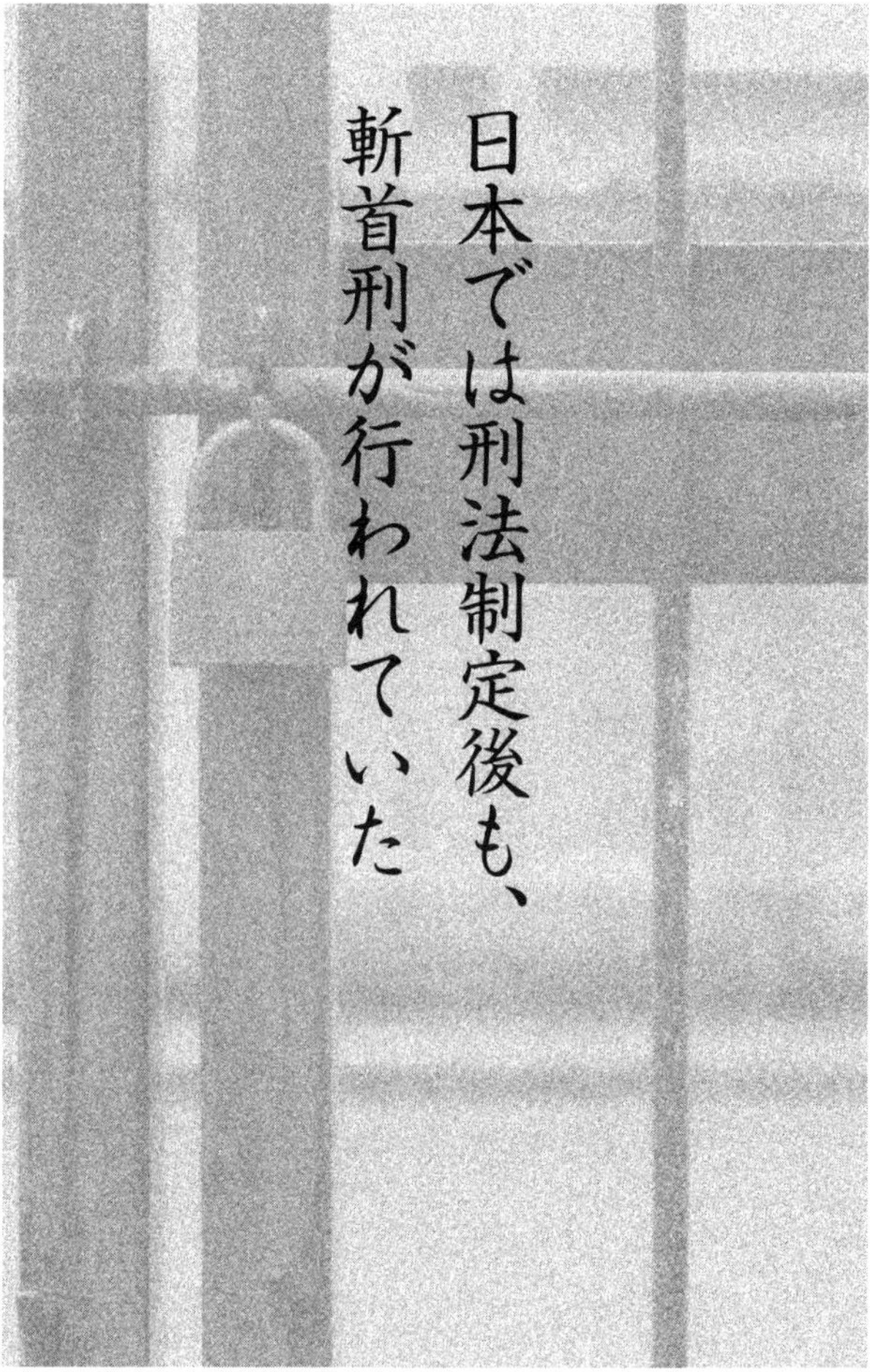

日本では刑法制定後も、
斬首刑が行われていた

現在の日本では死刑は**絞首**と決められている。絞首には懸垂式（鉄のおもりの重力で首を絞める）、ねじ締め式などがあり、現状採用されているのは垂下式。首に縄を巻き付け、足元の板を外すことによって吊《つ》る。自らの体重を利用したやり方。絞首のみとなったのは明治十五年の旧刑法の施行《せこう》からのことで、それ以前は斬首《ざんしゅ》、磔《はりつけ》、火炙《ひあぶ》り、晒《さら》し首《くび》、鋸引《のこぎりび》きがあった。これらの死刑は法律上、それ以降消えたはずだが、一部地方では引き続き絞首刑以外が行われていた。伝達がうまくいかなかったからと考えられる。史実によれば、青森では明治十九年に斬首により**死刑が執行**されている。

※旧刑法を発展させたものが、明治四十年制定の刑法。両者にほとんど差異はない。第二次大戦後、皇室関連の刑罰を定めた四条分と尊属殺人等の加重罰規定を削除した。刑を定めた法律＝現・刑法は、大日本帝国時代の百二十年前から変わっていないということ。

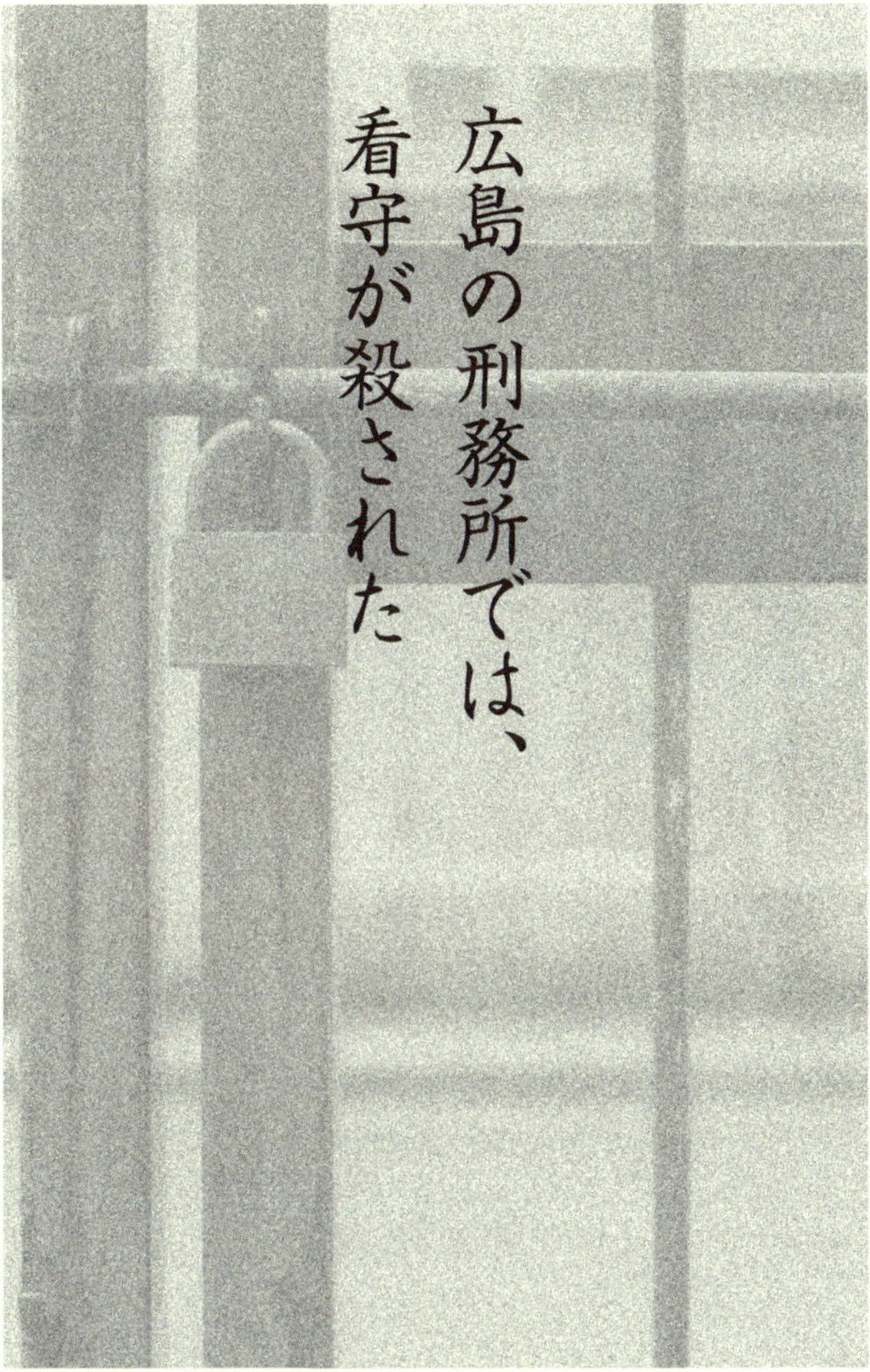

広島の刑務所では、
看守が殺された

昭和三十八年の暴力団の抗争は「広島戦争」と呼ばれ、地元広島刑務所は組関係者で**満杯**になったと後々伝えられる。その獄中で殺人が起きたのは、昭和二十八年五月、ある朝のこと。病舎に収容されていた五人の服役囚に看守が襲われた。看守は舎内に引きずりこまれ、窓ガラスの破片で左頸動脈《けいどうみゃく》、顔面を切られた。翌日未明に死亡。

※「広島戦争」は映画「仁義なき戦い」に出てくる。

散弾銃を密造していた刑務所がある

暴力団の指示により、福岡刑務所内の金属加工工場で散弾銃が作られていた。材料は所内にあったものを利用し、**分業の上**ひと月かけて完成。その後、外に運び出され、抗争に使用された。刑務官も絡んでいたことが判明し、国会でも取り上げられた。昭和五十七年の発覚。
※通常は家具製品や工芸品等を作っている。自衛隊作業服、神輿《みこし》、剣道防具、人形、般若《はんにゃ》面、鯉のぼりなどを製作しているところもある。刑務作業製品の一部は刑務所併設の**常設展示場**等で販売されている。インターネットでの申し込みも可。また、労働力が安く福利厚生費、保険料もいらず、その人数も安定しているため、民間企業からの依頼も多い。

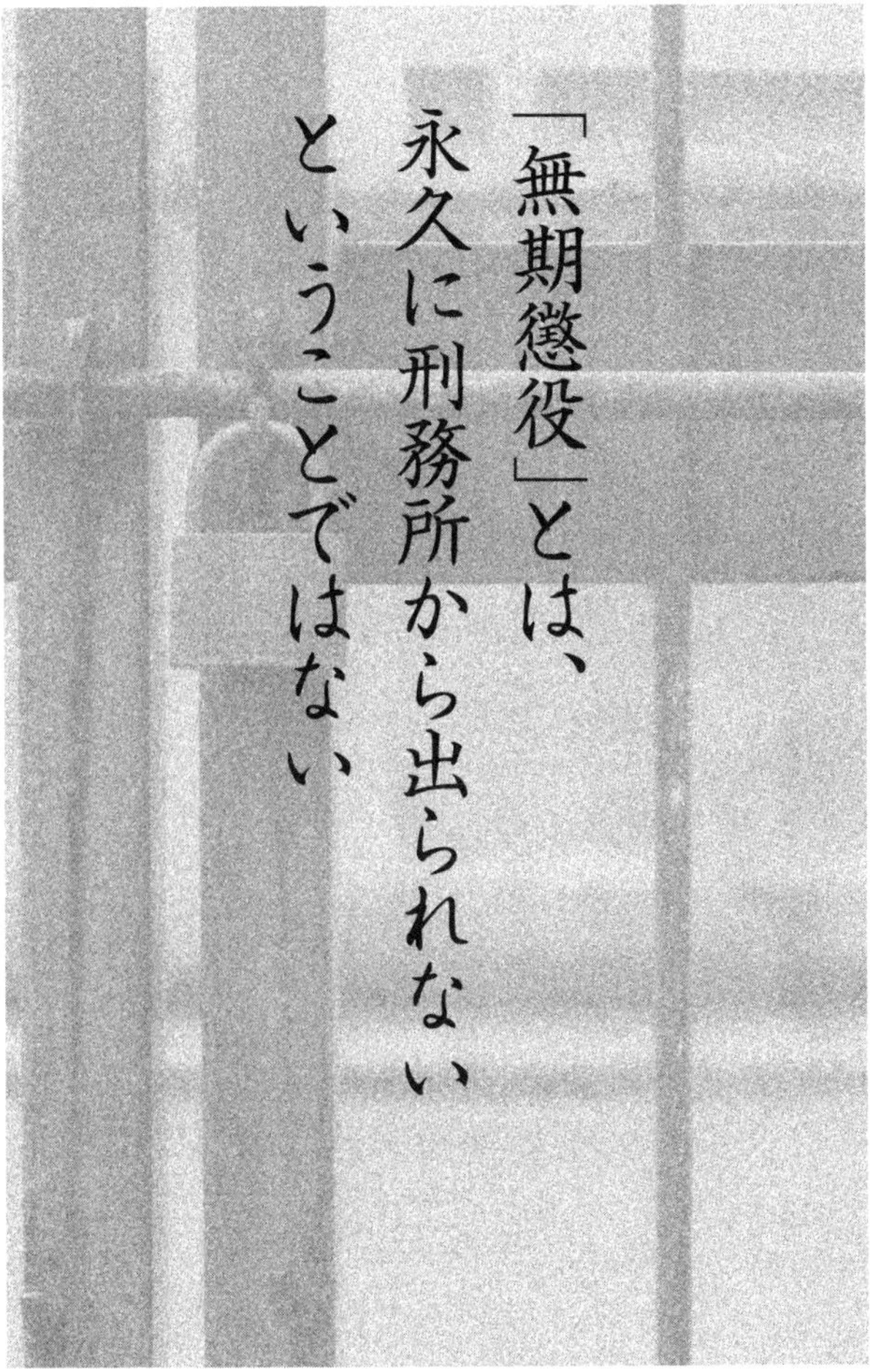

「無期懲役」とは、
永久に刑務所から出られない
ということではない

表現が紛らわしいのだが、「無期」とは「有期」に対する言葉。つまり**刑の期間**が決まっていないということを言っているに過ぎない。平成元年からの十年間で百六十六人の無期懲役受刑者が仮釈放を許され出所しているが、その平均刑期は十九年四ヶ月であった。一方、有期刑の最高は十五年、ただしいくつかの罪を犯している場合、量刑の重いものに一・五を掛けた年数が**併合罪**として課せられる。そのため、有期懲役は最も長くて二十年。
※下手したら結果として、有期刑のほうが長く入るということ。

日本にもかつては終身刑があった

現在、日本で施行《せこう》されている刑法の源は、八世紀の律令制《りつりょうせい》にある。ここには「笞《ち》、杖《じょう》、徒《ず》、流《る》、死《し》」という**五段階の刑罰**が記されていた。笞は細枝を使ってのむち打ち、杖は木の棒で叩くこと、徒は労役刑、今でいう懲役にあたる。流は流刑、島流し。つまりここに終身刑が含まれていた。そして最後は死刑である。ここから拷問の要素が抜かれたのは明治六年、近代化を標榜《ひょうぼう》する改定律例《かいていりつれい》の制定による。死刑以外を懲役としたが、流刑の流れを受け、懲役十年の上に**懲役終身**という刑が存在していた。廃止されたのは明治十三年。旧刑法の公布によってであった。

※旧刑法では無期徒刑、無期流刑という表現を使用し始める。これが現刑法の無期懲役にあたり、すなわち仮出獄も許される刑であった。

※「終身刑は緩やかな死刑、そのため導入しない」というのが、現法務省の考え方。

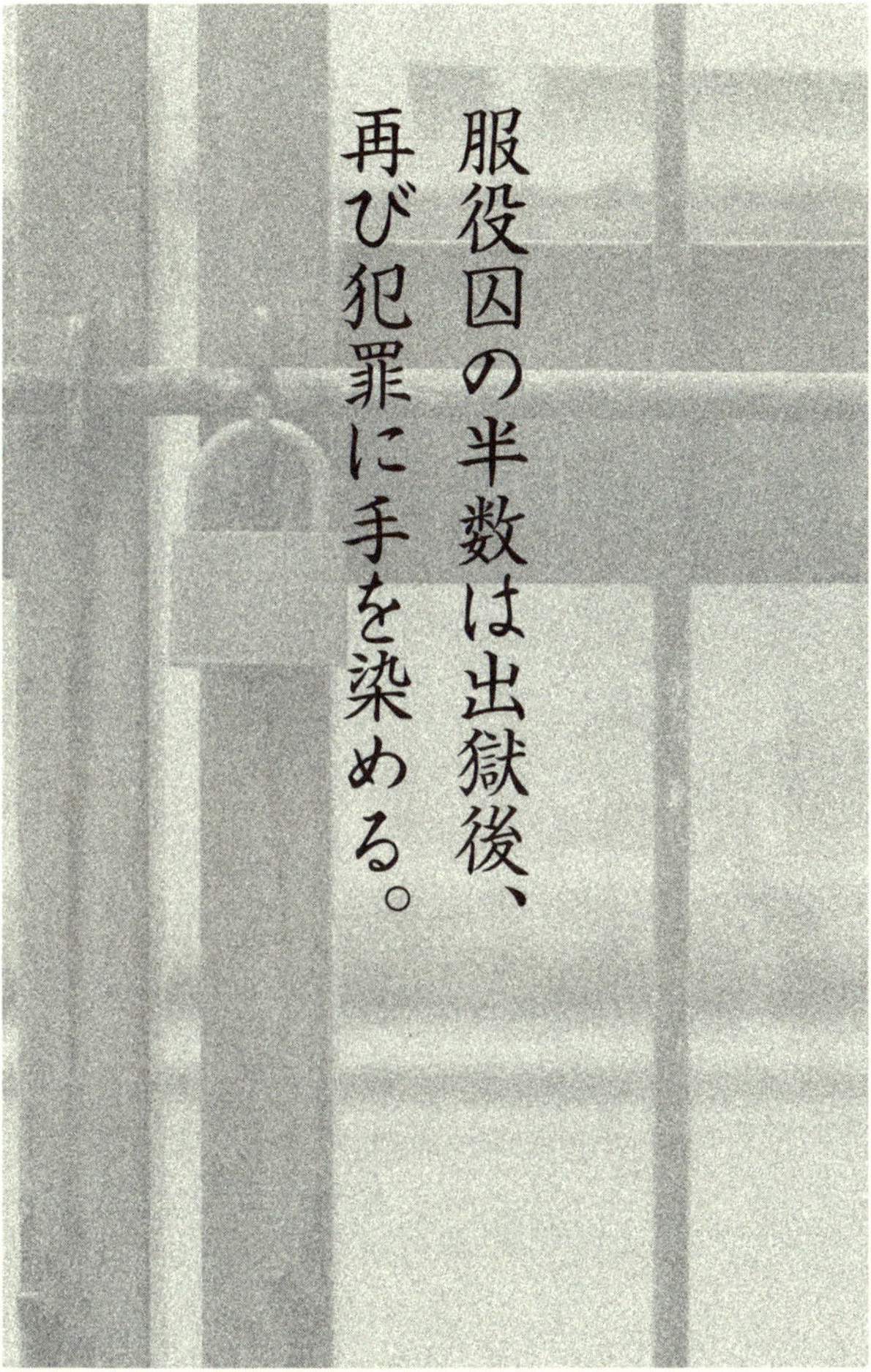
服役囚の半数は出獄後、
再び犯罪に手を染める。

年間、二万人以上の受刑者が刑務所から出所してくる。そのうち、五年以内におよそ半数の者が再び罪を犯し、刑務所に戻る。改悛《かいしゅん》の状が認められ、法定期間（有期刑なら刑期の三分の一、無期刑は十年）を過ぎた者に許される**仮釈放**でも約四〇パーセント、満期まで務め上げた者にいたっては約六〇パーセントが再犯者である。この割合は毎年変わらない。

※出所した年の内に舞い戻る受刑者は、満期で約一割いる。

※平成十三年の一年間だけで、殺人を犯し**再入**した元受刑者は百二十三人。強盗二百四十人、放火六十八人、窃盗と覚醒剤取締法はそれぞれ四千人を超えている。強姦《ごうかん》、強制わいせつは合わせて百六十人。

統計等のデータは『犯罪白書』『警察白書』（ともに平成14年版）による。
この作品は新潮文庫に書下ろされた。

新潮文庫最新刊

北原亞以子著
夢のなか　慶次郎縁側日記
嫁き遅れの縹緻よしにも、隠居を楽しむ慶次郎にも胸に秘めた想いがある。江戸の男女の心の綾を、哀歓豊かに描くシリーズ第九弾！

志水辰夫著
青　に　候
やむをえぬ事情から家中の者を斬り、秘密裡に江戸へ戻った、若侍。胸を高鳴らせる情熱、身体を震わせる円熟、著者の新たな代表作。

乙川優三郎著
さざなみ情話
人生の暗がりをともに漕ぎ出そうと誓う、高瀬舟の船頭と売笑の女。惚れた女と命懸けで添い遂げようとする男の矜持を描く時代長編。

荻原　浩著
四度目の氷河期
ぼくの体には、特別な血が流れている——誰にも言えない出生の謎と一緒に、多感な17年間を生き抜いた少年の物語。感動青春大作！

楡　周平著
ラスト ワン マイル
最後の切り札を握っているのは誰か——。テレビ局の買収まで目論む新興IT企業に、起死回生の闘いを挑む宅配運輸会社の社員たち。

米澤穂信著
ボトルネック
自分が「生まれなかった世界」にスリップした僕。そこには死んだはずの「彼女」が生きていた。青春ミステリの新旗手が放つ衝撃作。

新潮文庫最新刊

庄野潤三著
けい子ちゃんのゆかた
孫の成長を喜び、庭に来る鳥たちに語りかけ、隣人との交歓を慈しむ穏やかな日々。老夫婦のほのぼのとした晩年を描く連作第十作目。

有吉玉青著
渋谷の神様
この街で僕たちは、目には見えないものだけを信じることができる――「また頑張れる」ときっと思える、5つの奇跡的な瞬間たち。

谷村志穂著
冷えた月
海難事故が、すべての始まりだった。未亡人のもとに通いつめる夫。昔の男に抱かれる妻。漂流する男女は、どこへ辿りつくのか？

平山瑞穂著
シュガーな俺
著者の糖尿病体験をもとに書かれた、世界初の闘病エンターテインメント小説。シュガーな人にも、ノンシュガーな人にもお勧めです。

池波正太郎
山本周五郎
菊地秀行
乙川優三郎
杉本苑子
著
赤ひげ横丁
―人情時代小説傑作選―
いつの時代も病は人を悩ませる。医者と患者を通して人間の本質を描いた、名うての作家の豪華競演、傑作時代小説アンソロジー。

松本健一著
司馬遼太郎を読む
司馬遼太郎はなぜ読者に愛されるのか？　司馬氏との魅力的なエピソードを交えながら、登場人物や舞台に込められた思いを読み解く。

黒《くろ》のトリビア

新潮文庫　し-22-40

平成十五年十二月一日発行
平成二十一年十月二十五日十九刷

著者　新潮社《しんちょうしゃ》事件《じけん》取材班《しゅざいはん》

発行者　佐藤隆信

発行所　株式会社新潮社
郵便番号　一六二―八七一一
東京都新宿区矢来町七一
電話　編集部(〇三)三二六六―五四四〇
読者係(〇三)三二六六―五一一一
http://www.shinchosha.co.jp

価格はカバーに表示してあります。

乱丁・落丁本は、ご面倒ですが小社読者係宛ご送付ください。送料小社負担にてお取替えいたします。

印刷・錦明印刷株式会社　製本・錦明印刷株式会社

ISBN978-4-10-120829-9 C0136